글 김춘희 선생님

김춘희 선생님은 상냥한 오빠, 까칠이 여동생 남매와 함께 여행하며 글을 쓰는 엄마여행작가예요. 글을 쓸 때면 마음이 바빠져요. 여행길에서 만난 근사한 풍경과 놀라운 이야기를 얼른 들려주고 싶거든요. 예쁜 그림 이야기를 즐겨 읽고, 커다란 랜드마크, 으스스한 귀신, 긴가민가한 괴생명체 이야기를 특히 좋아해요. 지은 책은 《아이와 함께 여행하는 6가지 방법》《멸종 위기의 동물들을 구해 줘!》《기후 변화가 뭐예요?》《말랑말랑 뇌 운동》 등이 있어요.

그림 이일선 선생님

이일선 선생님은 교과서, 학습서, 문학, 실용서, 정기간행물 등 다양한 분야의 책에 그림을 그리고 있어요. 홍익대학교 산업미술대학원에서 산업디자인을 전공하고, 대한민국 현대미술대전에서 대상을 수상한 것을 비롯하여, 여러 공모전에서 입상하고 전시회에 참여했어요.
《톨스토이 단편선》《탈무드》 등 많은 책에 삽화를 그렸고, 《나 혼자 인물 드로잉》《나 혼자 풍경 드로잉》《나 혼자 연필 스케치》《초간단 손그림 12000》《뮤즈와 함께 떠나는 예술 여행》 등 많은 책도 썼습니다.

꼬리에 꼬리를 무는
랜드마크 지구여행 1

꼬리에 꼬리를 무는 랜드마크 지구여행 1

초판 1쇄 발행 2023년 9월 15일

지은이   김춘희
그린이   이일선
편집인   옥기종
발행인   송현옥
디자인   VAINNO
펴낸곳   도서출판 더블:엔
등 록   2011년 3월 16일 제2011-000014호
주 소   서울시 강서구 마곡서1로 132, 301-901
전 화   070_4306_9802
팩 스   0505_137_7474
이메일   double_en@naver.com

ISBN 979-11-91382-24-2 (74900)
      979-11-91382-23-5 (세트)

※ 이 책은 저작권법에 따라 보호받는 저작물이므로 무단전재와 무단복제를 금지합니다.
※ 잘못된 책은 바꾸어 드립니다.
※ 책값은 뒤표지에 있습니다.
※ 더블엔 주니어는 도서출판 더블엔의 청소년 브랜드입니다.

꼬리에 꼬리를 무는
랜드마크 지구여행 1

김춘희 글 | 이일선 그림

더블:엔 주니어

"금방 넘어질 것 같아!"

피사의 사탑을 처음 봤을 때, 아홉 살 푸린양은 깜짝 놀랐어요. 푸릇한 잔디밭에 위태롭게 서 있는 새하얀 피사의 사탑은 정말 그랬어요. 발에 힘을 주어 쿵쿵거리면 금방 무너져버릴 것 같았거든요.

"왜 기울어졌을까?"

"지진이 나면 분명히 무너질 거야!"

"계속 기울어지고 있나?"

기우뚱한 피사의 사탑 앞에서 우리는 궁금한 게 아주 많았어요.

어린이 독자 여러분, 반가워요!

피사의 사탑이 넘어질까 봐 걱정이 깊은 푸린양의 엄마예요. 엄마 여행작가인 저는 아이들과 여행하고 있어요. 잔뜩 기울어진 피사의 사탑을 보고, 절반쯤 무너진 콜로세움도 들르고, 작고 귀여운 오줌싸개 동상 앞에서 와플도 먹었지요. 이 특별한 방문을 아이들이 몽땅 기억할 줄 알았어요.

어린이 독자 여러분! 이렇게 특별한 방문은 시간이 지나도 기억해야 하지 않나요? 생생하게 떠올려야 하지 않나요?

하지만 아이들의 표정은 이렇게 말하는 것 같았어요.

"내가 거기를 간 적이 있다고요?"

아, 진짜 실망했어요.

그런데 말이에요. 비슷비슷하게 생긴 성인데 런던탑은 유독 또렷하게 기억했어요. 왜일까요? 런던탑을 돌아보며, 런던탑에 숨어 있는 유령 이야기를 들려줬거든요. 왜 유령이 있는지도 알려줬고요. 재미있는 이야기가 있는 랜드마크는 아주 오랫동안 기억하고 있었어요.

크고 높고 유명한 랜드마크는 그 자체로도 소중하지요. 랜드마크가 간직한 이야기까지 알게 된다면 더욱 사랑하게 될 거예요.
아이들과 여행하며, 꼭 들려주고 싶었던 랜드마크 이야기를 정성껏 골랐어요. 흥미롭고, 슬프고, 무서운 이야기도 차곡차곡 모았어요. 에펠탑을 제일 싫어한 사람은 누구인지, 천하의 영웅인 헤라클레스가 지치면 어떤 모습일지 궁금하지요?
랜드마크에 담긴 이야기를 읽으며, 지구를 나누며 사는 사람들의 용기와 지혜를 얻을 수 있으면 좋겠어요. 그래서 우리 지구를 더 사랑하게 되기를 바라요.

꼬꼬무 랜드마크 지구여행으로 이야기 여행을 한 다음, 비행기 타고 진짜 여행을 떠나도 좋아요. 피사의 사탑이 넘어질까 걱정하는 아홉 살 꼬마를 만나면 들려줄래요?
"피사의 사탑은 넘어지지 않아, 왜냐하면…" (43페이지에 답이 있어요!)
신나는 꼬꼬무 랜드마크 지구여행을 시작해볼까요?

2023. 8월.
엄마여행작가 김춘희

이 책을 재미있게 읽는 방법

흥미로운 퀴즈로 시작하여
재미있는 플레이타임으로 끝나는

《꼬꼬무 랜드마크 지구여행》은 이렇게 구성되어 있어요.

2. 랜드마크의 특징을 그림, 지도, 도표로 한눈에 볼 수 있어요.

① 랜드마크를 한 줄로 설명해보아요.
② 랜드마크의 건축 연도를 알아보아요.
③ 어느 나라, 어느 곳에 있는지 알아보아요.

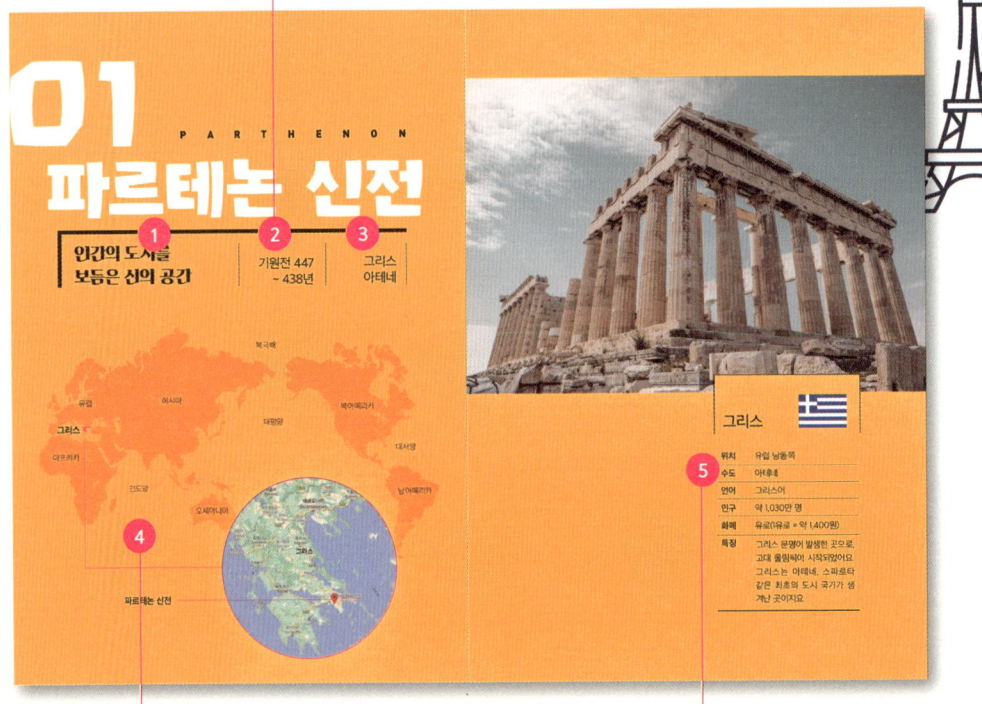

④ 세계지도 속 위치를 한눈에 보여주지요.
⑤ 나라의 기본적인 정보도 알고 가면 좋아요.

1.
어디로 떠나게 될지, 무엇을 만나게 될지 퀴즈를 풀며 맞춰보아요!

아래쪽에 정답이 있어요

3. 본격적으로 여행을 떠나볼까요~

① 여러분이 궁금해하는 질문에, 작가 선생님이 친절하게 답을 들려줄 거예요.

② 무슨 뜻이지? 이건 뭘까? 하는 단어가 등장할 때, 낱말 풀이를 살짝 참고하면 궁금증이 사라져요.

4. 랜드마크와 관련된 유명하거나 재미있는 그림도 살펴볼 거예요. 오싹한 이야기도 여러분을 기다리고 있어요!

6.
여행의 마지막은 어린이 여러분이
좋아하는 플레이타임! 시간이에요~

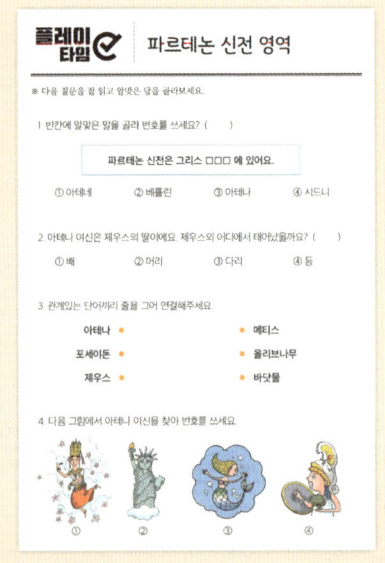

5. 랜드마크 또는 주변 인물과 사건에 관한 뒷이야기도 빠트릴 수 없어요. 문화, 예술, 역사, 신화에 대한 공부도 된답니다.

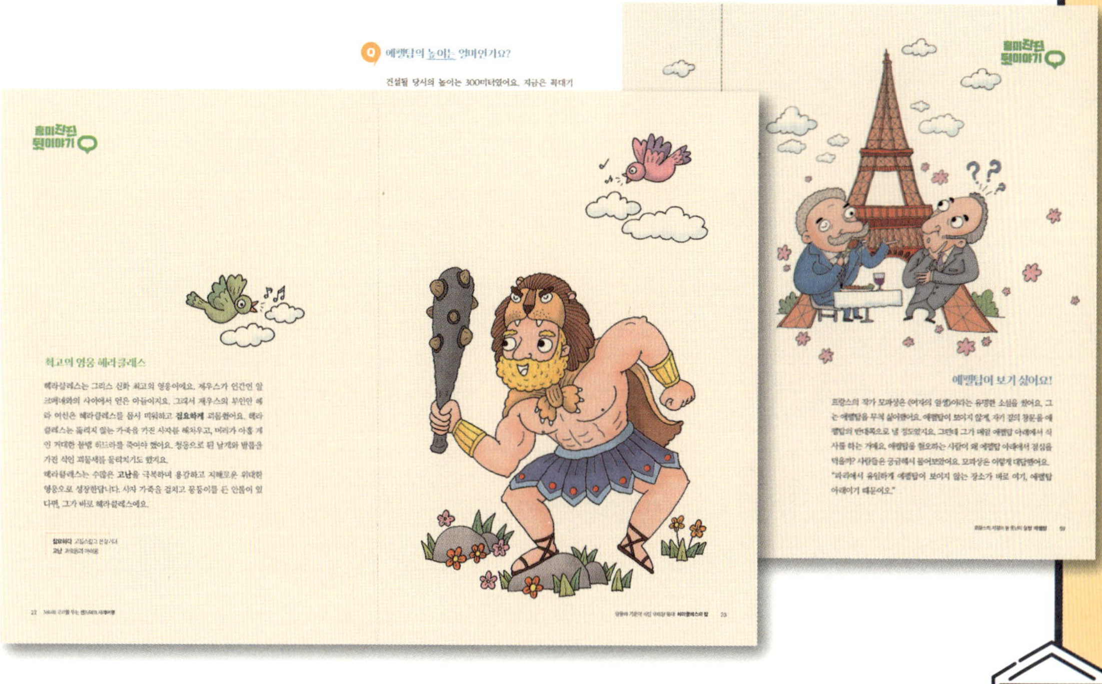

자, 이제 꼬리를 물고 다음 퀴즈를 풀며
새로운 랜드마크 여행지로 출발해볼까요?

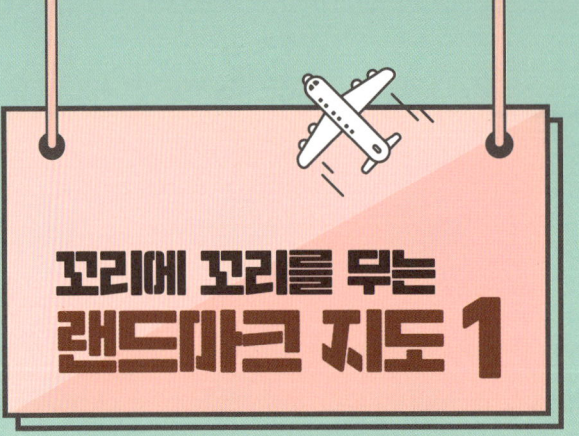

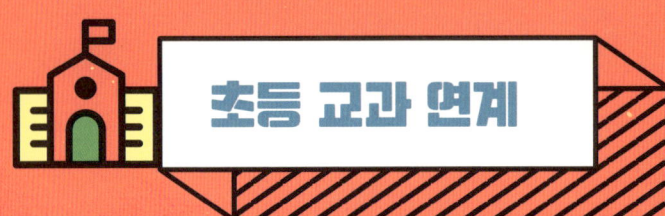

초등 교과 연계

관련 교과 교육과정

학년	교과목	교과 과정
3학년 1학기	사회	2-2. 우리 고장의 문화유산
4학년	서울의 생활 (사회과 보완도서)	2-1. 서울의 문화유산
4학년 1학기	사회	2-1. 우리 지역의 문화유산
5학년 2학기	사회	1. 옛 사람들의 삶과 문화
6학년 2학기	사회	1. 세계의 여러 나라들

이 책을 읽으며 어떤 교양(능력)을 얻을 수 있나요?

창의적 사고력
우리 지구에 살고 있는 사람들의 옛날과 현재의 모습을 알아가면서 가치 있고 새로운 생각을 하는 데 도움이 되어요.

문제해결력
역사 속 다양한 사건과 문화를 접하는 동안 여러 관점에서 스스로 분석하고 평가할 수 있게 되지요.

정보활용 능력
세계 지도와 친해지면서 지도에서 랜드마크를 찾을 수 있어요. 책속 여러 나라를 여행하며 다양한 정보를 얻고 활용할 수 있어요.

꼬꼬무 랜드마크 스탬프 여행

자, 꼬꼬무 랜드마크 지구여행을 시작할 준비, 되었나요?
01번부터 14번까지 차례대로 재미있게 꼬리를 물고 여행을 떠나보아요.
퀴즈를 풀고 플레이타임까지 마친 후, 이 페이지에 정리해보는 거예요.
숫자 위에 동그라미를 쳐도 좋고, 어린이 여러분이 갖고 있는 스탬프를 찍어도 좋아요!

꼬리에 꼬리를 무는
랜드마크 지구여행

1 차례

인간의 도시를 보듬은 신의 공간 **파르테논 신전** · 18 ①

영웅의 기운이 서린 오래된 등대 **헤라클레스의 탑** · 30 ②

아슬아슬, 쓰러지지 않는 신기한 탑 **피사의 사탑** · 40 ③

프랑스의 자랑이 된 못난이 철탑 **에펠탑** · 50 ④

햇불처럼 타오르는 자유의 상징 **자유의 여신상** · 62 ⑤

소중히 지켜야 할 대한민국 국보 **숭례문** · 72 ⑥

함께 지켜야 할 어여쁜 동화의 상징 **인어공주 동상** · 84 ⑦

백조를 닮은 우아한 숲속 궁전 **노이슈반슈타인 성** · 96 ⑧

무서운 황제의 아름다운 걸작 **성 바실리 대성당** · 108 ⑨

높고 멋진, 과학 기술의 결정체 **부르즈 할리파** · 120 ⑩

노동자의 피눈물과 바꾼 지상 최대 건축물 **만리장성** · 130 ⑪

황제의 사랑을 품은 찬란한 무덤 **타지마할** · 142 ⑫

파라오의 영혼이 머무는 거대한 무덤 **피라미드** · 152 ⑬

비밀에 싸인 수수께끼 공중도시 **마추픽추** · 164 ⑭

랜드마크는
탐험가나 여행자가 원래의 장소로 돌아오기 위해 남겨두는 표식을 가리키는 말이었어요. 지금은 어떤 장소를 대표하는 건물이나 동상 같은 상징물을 부르는 말로 사용되고 있어요.

이 책을 만들며

- 건축 시기가 명확하지 않은 랜드마크는 유네스코위원회의 자료를 참고하였습니다.
- 도서에 실린 환율, 인구 등의 정보는 2023년 7월 기준입니다.
- 랜드마크 이미지 출처는 언스플래쉬이며, 랜드마크의 위치를 보여주는 원안 상세 지도의 출처는 Google Map입니다.
- 명화의 소개는 〈작품명〉, 작가명, 제작년도의 순서로 표기했습니다.

우리가 지켜야 할 문화유산을 지정하고 관리하는
'유네스코 세계유산위원회'의 상징이 된 랜드마크예요.
세계문화유산으로 최초 등재된 '그리스 아크로폴리스'에 있는
이 건축물은 무엇일까요?

① 피라미드 ② 파르테논 신전

 유네스코의 상징이 된 유산이자 유럽 문명의 시작을
의미하는 랜드마크는 ② 파르테논 신전이에요.

01
PARTHENON
파르테논 신전

인간의 도시를 보듬은 신의 공간 | 기원전 447 ~ 438년 | 그리스 아테네

파르테논 신전

그리스

위치	유럽 남동쪽
수도	아테네
언어	그리스어
인구	약 1,030만 명
화폐	유로 (1유로 = 약 1,400원)
특징	그리스 문명이 발생한 곳으로, 고대 올림픽이 시작되었어요. 그리스는 아테네, 스파르타 같은 최초의 도시 국가가 생겨난 곳이지요.

Q 파르테논 신전은 어떤 곳인가요?

파르테논 신전은, 아테네 아크로폴리스에 세워진 건축물이에요. 아크로폴리스는 고대 그리스 사람들이 높은 언덕에 만든 도시예요. '아크로'는 높은 곳, '폴리스'는 도시라는 뜻으로, '높은 곳에 있는 도시'라는 의미지요. 아테네 아크로폴리스는 150미터 높이의 언덕 위에 지어졌답니다. 아크로폴리스에는 신을 위한 신전을 짓고 시민을 위한 극장과 음악당도 만들었어요. 왜 높은 곳에 도시를 만들었냐고요? 적의 공격을 막기에 적합했거든요.

당시의 아테네는 강대국인 페르시아의 위협을 받고 있었어요. 마라톤 전투는 특히 위태로웠어요. 침략을 포기하지 않았던 페르시아를 마침내 물리쳤을 때, 아테네 시민들은 아크로폴리스에 파르테논 신전을 세웠어요. 파르테논 신전은 승리의 영광을 기념하기 위해 도시의 수호신인 아테나 여신에게 바치는 신전이에요.

Q 마라톤 전투는 어떤 전투예요?

아테네 북쪽에 있는 마라톤이라는 도시의 들판에서 페르시아와 벌인 전투예요. 전투에서 불리했던 아테네가 승리하게 되자, 한 병사가 쉬지 않고 뛰어가 승리를 알렸어요. 이 용감한 병사를 기념하기 위해 올림픽에서 마라톤 경기가 시작되었지요. 마라톤 경기의 총 거리인 42.195킬로미터는 이 병사가 뛰어온 거리에서 유래되었답니다.

Q 파르테논 신전이 세계문화유산 1호인가요?

세계문화유산으로 최초로 등재된 유산은 모두 12곳이에요. 1978

년에 등재되었는데, 폴란드의 비엘리치카 소금광산, 에콰도르의 갈라파고스 제도, 미국의 옐로스톤 국립공원 등이 있어요. 그중 그리스의 아크로폴리스도 포함되어 있어요. 파르테논 신전은 아크로폴리스에 속해 있기 때문에 세계유산이에요. 하지만 파르테논 신전이 단독적으로 세계유산으로 등재된 건 아니어서 "파르테논 신전이 세계문화유산 1호인가요?"에 대한 답은 "아니오"예요.

세계문화유산을 지정하는 유네스코 재단의 로고는 파르테논 신전의 모습을 기초로 하여 만들어졌어요.

Q 파르테논은 무슨 뜻인가요?

파르테논은 고대 그리스어로 '처녀(결혼하지 않은 성인 여자)'라는 말이에요. 파르테논 신전은 '처녀 신전' 혹은 '처녀 아테나 신전'이라는 뜻이지요. 아테나는 결혼하지 않은 여신이었어요. 파르테논 신전은 아테나 여신을 위한 신전으로 알맞은 이름이지요.

Q 신전에서는 무엇을 했나요?

당시 아테네 사람들은 신의 존재를 믿었어요. 그래서 신전에 신이 깃들어 산다고 생각했지요. 도시의 수호신인 아테나 여신을 기리기 위해 사람들은 4년마다 신전에서 축제를 열었어요. 도시를 잘 지켜주길 바라는 마음과 감사함을 신에게 보여주기 위해서였답니다.

Q 신전에 비밀이 숨어 있어요?

파르테논 신전은 폭이 약 31미터이고, 길이가 약 70미터예요. 거대하지요? 이렇게 거대한 건물을 볼 때 우리 눈은 착각을 해요. 이것을 착시현상이라고 해요. 건물의 직선 부분은 아래로 처진 것처럼 보이고 가장자리의 기둥은 햇살을 받아서 가운데 기둥보다 얇게 보여요. 아테네 사람들은 이러한 사실을 이미 알고 있었어요. 그래서 건물이 안정감 있고 같은 굵기로 보일 수 있도록 설계했지요. 가운데 부분을 살짝 위로 올려서 지었고, 가장자리의 기둥은 조금 더 굵게 만들었어요. 파르테논 신전은 어디에서 보아도 곧고 반듯한 직선 건물로 보인답니다. 힘차고 멋져 보이는 파르테논 신전에 숨은 비밀은 바로 '착시현상을 이겨낸 설계'랍니다.

Q 파르테논 신전이 부서진 모습이에요. 왜 그런가요?

파르테논 신전은 아테나 여신을 모시는 곳이었지만 기독교 교회가 되기도 했어요. 오스만 제국(현재 튀르키예)에 정복당한 **15세기**에는 **이슬람** 사원이 되었어요. 오스만 제국은 파르테논 신전에 화약 더미를 쌓아 놓기도 했는데, 어느 날 화약이 폭발하고 말았어요. 베네치아 군이 공격해서 화약 더미에 불이 붙었기 때문이에요. 그 폭발로 지붕이 날아가고 기둥과 벽이 무너져 내렸어요. 1981년에는 지진이 발생해 피해를 입었고, 최근에는 **산성비**로 인해 아름다운 대리석이 손상을 입고 있어요. 현재는 기둥과 보(기둥을 수

> **세기** 100년 단위로 연도를 끊는 것 예를 들어, 15세기는 1401년부터 1500년까지이며, 21세기는 2001년부터 2100년까지
> **이슬람** 기독교, 불교와 함께 세계 3대 종교 중 하나. '절대 순종한다'라는 뜻으로 유일신인 알라의 가르침을 따르는 종교
> **산성비** 대기오염물질 중 강한 산성을 띤 물질이 섞여서 내리는 비. 생태계, 토양, 삼림, 역사 유적 등에 심각한 피해를 준다.

평으로 받치는 건축 재료)만 남아 있지요. 그리스 정부는 파르테논 신전을 보호하고 복원하는 작업을 계속하고 있답니다.

Q 파르테논 신전의 조각품이 영국박물관에 있다고요?

1799년 그리스가 오스만 제국의 지배를 받고 있을 때였어요. 영국의 외교관 토마스 브루스가 그리스 대사로 가게 되었어요. 고대의 미술품에 관심이 많았던 그는 파르테논 신전의 조각품들을 보고 한눈에 반했어요. 그래서 10년 동안 253점의 조각품들을 영국으로 가져간 다음, 정부에 돈을 받고 팔았어요. 토마스 브루스는 영국 정부로부터 '엘긴'이라는 귀족 작위를 받았고, 파르테논 신전에서 떼어온 조각품은 '엘긴 마블'이라고 불리게 되었어요. '엘긴이 가져온 대리석'이라는 뜻이지요. 조각품들은 영국 정부의 소유가 되어 영국박물관에 전시되어 있어요. 이런 이유로 파르테논 신전의 조각품들은 그리스가 아닌 영국에 머물게 되었답니다.

엘긴 마블 © Andrew Dunn_commons.wikimedia.org

〈제우스의 머리 속에서 무장한 채 태어난 아테나〉 르네 앙투안 우아스, 17세기경

아테나는 아빠 제우스의 머리에서 태어났어요

아테나의 아버지는 제우스 신이고, 어머니는 지혜로운 인간 메티스예요. 어느 날, 대지의 신 가이아가 제우스에게 말했어요.
"딸을 낳으면 아버지와 비슷한 능력을 갖춘 존재가 될 것이고, 아들을 낳으면 아버지를 **권좌**에서 쫓아낼 것이다."
제우스는 몹시 두려웠어요. 그래서 임신 중인 메티스를 통째로 삼켜버렸지요. 하지만 아기가 태어날 때쯤 제우스는 머리가 참을 수 없이 아팠어요. 대장장이 신 헤파이스토스가 제우스의 머리를 내려치자 머리가 쪼개지면서 갑옷으로 무장을 한 여신이 튀어나왔어요. 전쟁과 지혜의 신 아테나는 이렇게 태어났답니다.

권좌 권력, 특히 통치권을 가지고 있는 자리

올리브 나무에
지다니. ㅠㅠ

포세이돈과 아테나의 한판 대결!

오랜 옛날 아테나(전쟁과 지혜의 여신)와 포세이돈(바다의 신)이 다투었어요. 아테네가 포함된 아키타 지역을 누가 맡을 것이냐를 놓고 겨루고 있었거든요. 좀처럼 승부가 나지 않자 두 신은, 주민들에게 결정해달라고 했어요. 아테나는 아테네 시민들에게 나무를 선물했어요. 맛있고 쓸모가 많은 올리브가 열렸어요. 포세이돈은 우물을 선물했는데 우물에서 나온 물이 몹시 짰어요. 포세이돈은 바다의 신이었기 때문에 바닷물이 나온 거지요. 주민들은 무엇을 선택했을까요? 당연히 올리브 나무를 선택했어요! 그래서 아테나는 아테네의 수호신이 되었답니다.

 파르테논 신전 영역

※ 다음 질문을 잘 읽고 알맞은 답을 골라보세요.

1. 빈칸에 알맞은 말을 골라 번호를 쓰세요. (   )

> 파르테논 신전은 그리스 □□□ 에 있어요.

① 아테네　　　② 베를린　　　③ 아테나　　　④ 시드니

2. 아테나 여신은 제우스의 딸이에요. 제우스의 어디에서 태어났을까요? (   )

① 배　　　② 머리　　　③ 다리　　　④ 등

3. 관계있는 단어끼리 줄을 그어 연결해주세요.

아테나　●　　　　　●　메티스

포세이돈　●　　　　●　올리브나무

제우스　●　　　　　●　바닷물

4. 다음 그림에서 아테나 여신을 찾아 번호를 쓰세요. (   )

①　　　②　　　③　　　④

파르테논 신전은 아테네의 수호신인 아테나 여신을 모시는 공간이지요.
신만큼이나 강한 영웅의 흔적이 남은 곳이 있어요.
스페인에 있는 이 랜드마크는 무엇일까요?

❶ 헤라클레스의 탑　❷ 타지마할

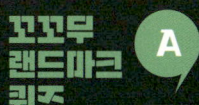 신만큼이나 강한 영웅의 흔적이 남은 랜드마크는
❶ 헤라클레스의 탑입니다!

02 헤라클레스의 탑

TOWER OF HERCULES

영웅의 기운이 서린 오래된 등대 | 1세기 | 스페인 라 코루냐

헤라클레스의 탑

스페인

위치	유럽 남서쪽
수도	마드리드
언어	에스파냐어
인구	약 4,750만 명
화폐	유로 (1유로 = 약 1,400원)
특징	유럽, 아프리카, 이슬람의 문화가 고루 섞여 다양하고 독특한 문화를 가지고 있어요. 열정적이고 자유로운 문화예술이 발달했어요.

Q 무엇을 하는 탑인가요?

헤라클레스의 탑은 고대 로마 사람들이 세운 등대예요. 등대는 어두운 바다를 항해하는 배를 위해 불을 비춰주는 높은 탑이지요. 헤라클레스의 탑은 항해를 도와주고 적의 침입을 관찰하는 감시탑 역할을 했답니다.

Q 이름이 왜 헤라클레스의 탑인가요?

헤라클레스라는 **영웅**이 있었어요. 제우스의 아들인 헤라클레스는 엄청나게 힘이 셌어요. 독사 두 마리를 맨손으로 잡은 적이 있는데, 그때 헤라클레스는 고작 한 살이었어요. 얼마큼 힘이 센지 짐작할 수 있겠지요? 어느 날, **미케네**의 왕이 헤라클레스에게 게리온이 키우는 소를 가져오라고 명령했어요. 게리온은 세 개의 머리와 세 개의 몸통을 가진 거대한 괴물이에요. 소를 가져오기 위해서는 먼저 게리온을 죽여야 했지요. 헤라클레스는 게리온과 사흘 동안 싸웠어요. 마침내 헤라클레스가 거인을 물리쳤고 게리온의 머리 세 개를 땅에 묻었어요. 게리온의 머리가 묻힌 그 자리에 헤라클레스의 탑이 세워졌답니다.

영웅 지혜와 재능이 뛰어나고 용감하여 보통 사람이 하기 어려운 일을 해내는 사람
미케네 그리스 남부의 고대 도시

Q 로마 사람들이 왜 스페인에 등대를 만들었어요?

로마인들이 이 지역을 점령했기 때문이에요. 헤라클레스의 탑은 라 코루냐라는 지역에 있어요. 이곳은 해안선이 거친 바위 투성이인 데다 파도가 사나워서 항해하기가 몹시 어려웠어요. '죽음의 해안'이라고 부르는 곳이었거든요. 로마 사람들은 이 지역을 안전하게 항해하기 위해서 등대를 세웠어요.

Q 탑은 얼마나 커요?

탑의 높이는 55미터예요. 하지만 57미터 높이의 바위 지대 위에서 있어서 훨씬 크고 높아 보여요. 헤라클레스의 탑은 스페인에서 두 번째로 높은 등대이고, 등대에 올라가 볼 수도 있어요.

※ 스페인에서 가장 높은 등대는 안달루시아 지방에 있는 치피오나 등대예요. 높이가 62미터랍니다.

Q 등대가 지금도 작동되나요?

헤라클레스의 탑은 지금까지도 완벽하게 작동되고 있어요. 그래서 현재 사용되는 등대 중에서 가장 오래된 등대라는 세계 기록을 가지고 있답니다. 탑은 시대가 지나면서 조금씩 바뀌었어요. 18세기에 네 개의 조명이 설치되었고 그 조명이 20초마다 불을 깜빡이면서 배의 안전을 지켜주고 있어요. 등대의 불빛은 51킬로미터 밖에서도 보인다고 해요.

최고의 영웅 헤라클레스

헤라클레스는 그리스 신화 최고의 영웅이에요. 제우스가 인간인 알크메네와의 사이에서 얻은 아들이지요. 그래서 제우스의 부인인 헤라 여신은 헤라클레스를 몹시 미워하고 **집요하게** 괴롭혔어요. 헤라클레스는 뚫리지 않는 가죽을 가진 사자를 해치우고, 머리가 아홉 개인 거대한 물뱀 히드라를 죽여야 했어요. 청동으로 된 날개와 발톱을 가진 식인 괴물새를 물리치기도 했지요.
헤라클레스는 수많은 **고난**을 극복하며 용감하고 지혜로운 위대한 영웅으로 성장한답니다. 사자 가죽을 걸치고 몽둥이를 든 인물이 있다면, 그가 바로 헤라클레스예요.

집요하다 고집스럽고 끈질기다.
고난 괴로움과 어려움

영웅의 기운이 서린 오래된 등대 **헤라클레스의 탑**

지친 헤라클레스

헤라클레스는 아내와 자식을 죽였어요. 헤라의 저주로 인해서 가족이 맹수로 보였기 때문이에요. 정신을 차리고 나서 헤라클레스는 몹시 괴로워하며, 자신이 지은 죄에 대한 벌을 받기로 했어요. 그 벌은 12가지의 **과업**을 해내야 하는 거였지요. 그 중 첫 번째 과업이 네메아 지방에 사는 사자를 죽이는 일이었어요. 사자가 마을을 **쑥대밭**으로 만들고 사람들을 괴롭히는 바람에 모두가 두려워했거든요.

"이 사자는 가죽이 엄청나게 두껍고 튼튼해서 창으로 찔러도, 칼로 베어도, 활로 쏘아도 죽지 않는답니다. 이 사자를 죽이려면 30일 동안 목을 졸라야 해요."

마을 사람들의 말을 들은 헤라클레스는 동굴 입구에 숨어서 사자를 기다렸다가, 사자가 동굴로 들어가려는 순간 몽둥이로 머리를 내리쳤어요. 그리고 30일 동안 목을 졸랐어요. 마침내 사자의 숨이 끊어졌지요. 헤라클레스는 이 사자의 가죽을 벗겨서 옷처럼 입고 다녔어요.

37쪽의 조각상은 헤라클레스가 사자를 물리친 다음, 사자 가죽을 몽둥이에 걸쳐두고 쉬는 모습이에요. 천하의 영웅이지만 조금 피곤하고 지쳐 보이지요? 그래서 이 조각상의 제목은 〈지친 헤라클레스〉랍니다.

과업 꼭 해야 할 일이나 임무
쑥대밭 파괴되어 못 쓰게 된 모양

〈지친 헤라클레스〉 2세기 초에 제작된 원작을 모방한 작품

영웅의 기운이 서린 오래된 등대 **헤라클레스의 탑**

 | # 헤라클레스의 탑 영역

※ 사다리를 타고 내려가 문제의 정답을 적어보세요.

헤라클레스가 물리친 3개의 머리와 3개의 몸통을 가진 괴물이에요.

이 여신은 헤라클레스를 미워했어요. 남편인 제우스와 다른 여자 사이에서 태어난 아들이기 때문이지요.

헤라클레스의 탑은 무엇을 하는 곳인가요?

헤라클레스가 몸에 걸치고 있는 것은 어떤 동물의 가죽인가요?

헤라클레스의 탑만큼이나 특별한 탑이 있어요.
특별한 모양새로 유명한 탑은 무엇일까요?

❶ 첨성대   ❷ 피사의 사탑

꼬꼬무 랜드마크 퀴즈 **A** 특별한 모양새로 유명한 탑은, 위태롭게 기울어진
❷ 피사의 사탑입니다.

03

LEANING TOWER OF PISA

피사의 사탑

아슬아슬, 쓰러지지 않는 신기한 탑 | 1173 ~ 1372년 | 이탈리아 피사

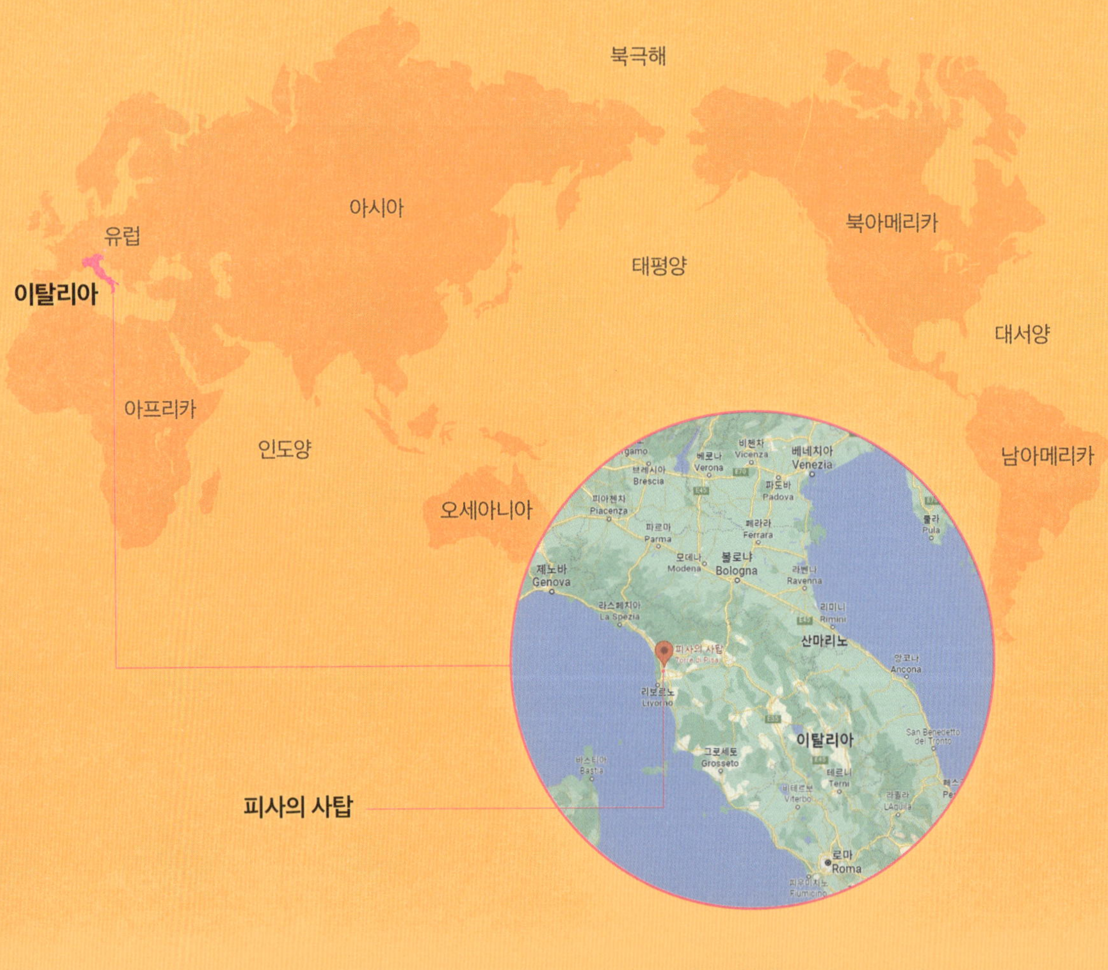

이탈리아

위치	유럽 남쪽
수도	로마
언어	이탈리아어
인구	약 5,800만 명
화폐	유로 (1유로 = 약 1,400원)
특징	장화 모양으로 생긴 반도 국가로 고대 로마의 수많은 유적을 가지고 있어요. 파스타와 피자를 비롯한 다채로운 요리가 전 세계인의 사랑을 받고 있어요.

Q 왜 탑이라고 하지 않고 사탑이라고 부르나요?

탑이 반듯하지 않고 기울어져 있기 때문이에요. 사탑의 '사'는 비스듬하다는 뜻이거든요. 피사의 사탑이란, 이탈리아 피사라는 도시에 있는 비스듬히 기울어진 탑을 말해요.

60 미터
8 층
294 계단

Q 탑이 왜 기울어졌어요?

고대에 피사 지방은 땅이 낮고 습기가 많은 저습지였어요. 진흙, 모래, 조개껍데기 등으로 이루어졌기 때문에 높은 탑을 짓기에는 적합하지 않았지요. 약한 **지반**을 단단히 다지고 땅을 깊이 파야 하는데, 고작 3미터만 파고 공사를 시작했던 거예요. 3층을 짓고 있을 때, 탑이 기울어졌다는 것을 알았어요. 공사는 오랫동안 중단되었다가 다시 짓기 시작하여 200년이 지난 후에 완공되었답니다.

지반 땅의 표면

Q 탑을 왜 지었어요?

이탈리아에서는 대성당을 두오모라고 해요. 피사에는 '피사 두오모'라고 부르는 대성당이 있어요. 피사의 사탑은, 피사 두오모의 종을 달기 위해 지어진 종탑이에요.

Q 피사의 사탑은 얼마나 높은가요?

1173년에 공사를 시작할 때에는, 100미터가 넘는 높이로 지을 생각이었어요. 이탈리아에서 가장 높은 종탑을 세우려고 했거든요. 하지만 탑이 기울어지는 바람에 계획을 변경했어요. 완공된 피사의 사탑은 8층이고 높이는 약 60미터랍니다.

Q 탑이 정말 무너지지 않을까요?

더이상 기울어지지 않도록 전문가들이 탑을 고정하는 **보수공사**를 했답니다. 탑을 강철 케이블로 고정한 후에, 기울어지는 반대쪽의 모래와 진흙을 파내서 균형을 맞추었어요. 그러자 기울어진 탑이 44센티미터가량 세워졌고 붕괴 위험에서 벗어날 수 있었지요. 이때 파낸 흙의 양은 50㎥예요. 50㎥는 5만 리터와 같은 부피니까 2리터 생수병 2만 5천 개 분량을 파낸 것이지요.

보수공사 고치고 손질하는 공사

Q 그래도 지진이 나면 금방 무너질 것 같아요.

모두들 그렇게 생각했는데 놀랍게도 피사의 사탑은 강한 지진에도 무너지지 않았어요. 이탈리아와 영국 등 여러 나라의 전문가들이 연구를 통해 그 이유를 밝혀냈지요. 탑을 기울어지게 한 약하고 무른 땅이 지진의 충격을 흡수했기 때문이래요.

Q 탑에 들어갈 수 있나요?

꼭대기까지 올라갈 수 있어요. 단, 294개의 계단을 올라가야 해요.

무거울수록 빨리 떨어진다고?
지금 확인해볼까?

어! 공이 동시에 떨어지잖아?!

무거운 쇠공   가벼운 쇠공

44   꼬리에 꼬리를 무는 랜드마크 지구여행

피사의 사탑에 올라간 갈릴레오 갈릴레이

갈릴레이는 피사에서 태어난 과학자예요.
어느 날, 갈릴레이가 피사 대학에서 학생들과 토론을 했어요.
"물체가 무거울수록 빨리 떨어진다는 주장은 잘못되었다."
갈릴레이가 이렇게 말하자 학생들이 반박했어요.
"돌과 깃털 중에서 당연히 돌이 먼저 떨어지지 않나요?"
"그건 무게가 아니라 공기의 **마찰** 때문이지. 깃털과 돌의 겉넓이를 떠올려보게나. 깃털의 겉넓이가 더 넓지. 물체의 겉넓이가 넓으면 공기와 마찰이 커지게 되고, 마찰이 커지면 움직일 때 공기의 방해를 받기 때문에 떨어지는 속도가 느려져. 그래서 겉넓이가 좁은 돌이 먼저 떨어지는 것이지. 만약 공기와 마찰이 없는 진공 상태라면 돌과 깃털은 똑같이 떨어진다네."

갈릴레이는 자신의 주장을 증명하기 위해 피사의 사탑으로 올라갔어요. 무게가 다른 두 개의 쇠공을 들고 말이지요. 탑이 기울어져 있었기 때문에 **낙하** 실험을 하기에 좋았거든요. 갈릴레이는 탑에 올라가서 무게가 다른 두 개의 공을 떨어뜨렸어요. 두 공은 거의 동시에 떨어졌지요. 무거운 공이 먼저 떨어진다는 주장이 잘못되었다는 것을 증명했지요. 하지만 실험의 증거가 남아 있지 않아서, 학자들은 갈릴레이의 실험을 믿지 않고 있어요. 다만 관찰과 실험을 중요하게 여긴 갈릴레이의 **신념**은 존중하고 있어요.

> **마찰** 두 물체가 접촉할 때 물체가 미끄러지는 것을 방해하는 힘
> **낙하** 높은 데서 낮은 데로 떨어지는 것
> **신념** 굳게 믿는 마음

그래도 지구는 돈다

갈릴레오 갈릴레이는 이탈리아의 유명한 천문학자이자 과학자입니다. 그림 가운데에 서 있는 노인이 바로 갈릴레이랍니다. 지금 갈릴레이는 재판을 받고 있어요. 지구가 태양의 주위를 돈다는 '지동설'을 주장했기 때문이지요. 이제 우리는 지구가 태양의 주위를 도는 거라고 알고 있어요. 하지만 갈릴레이가 살던 시대에는 그렇지 않았어요. 당시에는 하느님이 만든 지구가 우주의 중심이라고 믿었어요. 우주의 모든 **천체**가 지구 주위를 돈다는 '천동설'이 진리라고 여겼거든요.

갈릴레이는 직접 망원경을 만들어 천체를 관측했어요. 그 결과 천동설이 틀렸다는 것을 알아냈지요. 하지만 신을 섬기는 신학자들은 갈릴레이의 주장을 받아들이지 않았어요. 신을 **모독**하는 것과 같으니까요. 신학자들은 종교재판을 열고 지동설이 잘못된 것이라고 말하기를 요구했어요. 신학자와 군인이 갈릴레이의 양옆에 서서 협박했지요. 그림에서처럼 말이에요. 갈릴레이는 결국 자신의 생각이 옳지 않다고 말했어요. 목숨을 구하기 위해서였지요. 하지만 재판정을 나오며 낮은 목소리로 중얼거렸어요. "그래도 지구는 돈다."

천체 우주에 존재하는 모든 물체
모독 말이나 행동으로 더럽혀 욕되게 함.

〈바티칸 종교 재판소 앞의 갈릴레이〉 조제프 니콜라 로베르 플뢰리, 1847년

 | # 피사의 사탑 영역

※ 다음 질문을 잘 읽고 알맞은 답을 골라보세요.

1. 빈칸에 알맞은 말을 골라 번호를 쓰세요. (   )

   > 피사의 사탑은 피사 대성당에 부속된 □□ 이다.

   ① 종탑　　　　② 전망대　　　　③ 식당　　　　④ 무덤

2. 41쪽에 있는 피사의 사탑과 다른 사진을 골라 번호를 쓰세요. (   )

   ①　　　　②　　　　③　　　　④

3. 피사의 사탑이 세워진 토양을 구성하고 있는 세 가지를 단어 상자에서 동그라미하세요.

   > 진흙　　시멘트　　대리석　　모래　　아스팔트　　바위　　조개껍데기

4. 다음 글을 읽고 (   ) 안에 맞으면 O, 틀리면 X 표시를 하세요.

   ① 피사의 사탑은 스페인에 있는 탑이다. (   )

   ② 사탑은 모래로 만든 탑이라는 의미이다. (   )

   ③ 탑이 무너지지 않도록 보수공사를 했기 때문에 무너질 염려는 없다. (   )

피사의 사탑은 기울어진 모양이 흥미롭지요.
그렇다면 세계에서 가장 유명하고
사람들이 가장 사랑하는 탑은 무엇일까요?

❶ 에펠탑   ❷ 헤라클레스의 탑

꼬꼬무 랜드마크 퀴즈 A 세계에서 가장 유명하고, 사람들이 가장 사랑하는 탑은
❶ 에펠탑이랍니다!

04

EIFFEL TOWER

에펠탑

| 프랑스의 자랑이 된 못난이 철탑 | 1887 ~1889년 | 프랑스 파리 |

프랑스

위치	유럽 서쪽
수도	파리
언어	프랑스어
인구	약 6,500만 명
화폐	유로 (1유로 = 약 1,400원)
특징	서유럽에서 가장 넓은 국토를 가지고 있어요. 새로움과 자유로움을 소중하게 여기는 예술의 나라예요.

Q <u>언제 만들어졌나요?</u>

1889년, 프랑스 혁명 100주년이 되는 해에 만들어졌어요.

Q <u>왜 만들었어요?</u>

프랑스는 프랑스 혁명 100주년 기념행사 중 하나로 세계박람회를 열기로 했어요. 프랑스 사람들은 박람회를 보기 위해 파리를 방문하는 전 세계의 사람들에게 좋은 느낌을 주고 싶었어요. 여러 궁리 끝에 철로 만든 기념물을 박람회장에 세우기로 했지요. 당시 프랑스는 **철강 산업**이 발달해 있었는데 우수성을 세계에 알리고 자랑하기 위해서였어요.

> **철강 산업** 철을 활용한 산업

Q <u>세계박람회는 무엇인가요?</u>

세계박람회는 각 나라에서 생산하는 제품을 함께 전시하는 행사예요. 1851년 런던에서 처음으로 열렸지요. 1850년대 유럽의 여러 국가는 풍요로웠어요. 공예품과 새로운 문물에 관한 관심이 높아지고 있었지요. 그래서 '세계박람회'를 열기로 했어요. 여러 국가의 다양한 기술과 제품을 모아 교류하고 발전시킬 수 있는 기회였거든요. 우리나라도 1889년 파리 세계박람회에 참여했어요. 갓, 도포, 가마 등 전통 생활용품과 자수 병풍, 금은세공품 등 예술품을 전시했고 농업 식품 분야에서 그랑프리(대상)를 수상했답니다.

※ 예전에는 만국박람회라고 불렸으나 지금은 세계박람회로 부르고 있어요.

Q 에펠탑은 누가 만들었어요?

프랑스는 세계박람회에 세울 기념물을 찾기 위해서 **공모**전을 열었어요. 철로 만들 수 있는 다양한 기념물에 대한 설계안이 모여들었지요. 16일 동안 100개가 넘는 설계안이 도착했어요. 그중 구스타브 에펠이 설계한 작품이 당선되었어요. 그 작품이 바로 에펠탑이에요. 에펠탑 설계안은 **만장일치**로 뽑혔다고 해요. 공모전에 참여한 작품 중에는, 사형수의 목을 자르는 단두대도 있었답니다.

> **공모** 일반 사람들에게 알리고 공개하여 모집하는 것
> **만장일치** 모든 사람의 의견이 같음

Q 구스타프 에펠은 어떤 사람이에요?

구스타프 에펠은 수학과 화학을 좋아하는 학생이었어요. 특히 수학과 화학이 실생활에 적용되는 방식을 배우는 것을 좋아했어요. 에펠은 22살인 1855년, 파리 세계박람회에 갔다가 철로 만든 기념물을 보고 깊은 감명을 받았어요. 그 후로 철로 만든 여러 건축물을 성공적으로 건설하며 '철의 마법사'라고 불리게 되었지요. 1855년 파리 세계박람회에 다녀온 지 34년이 지난 1889년, 에펠이 세운 에펠탑은 세계박람회의 주인공이 되었답니다.

Q 사람들이 에펠탑을 싫어했다는 게 사실인가요?

맞아요. 세계박람회의 상징이 된 멋진 탑이었지만 그때는 싫어하는 사람들이 더 많았어요. 높이 솟은 철탑을 '과학과 산업의 승리'라고 칭찬하는 사람도 있었지요. 하지만 보기 흉한 고철 덩어리라고 여기기도 하고 못생긴 가로등이라고 부르기도 했어요. 파리의 아름다운 풍경을 망친다고 비난하는 사람도 있었고요. 당시에 철은 건축물의 안쪽에서 주로 뼈대로만 사용되었어요. 그래서 뼈대만 덩그러니 보이는 에펠탑은 옷을 입지 않고 서 있는 것처럼 흉하고 이상한 건축물로 보였거든요. 그래서 박람회가 끝나고 20년 후에 철거할 예정이었지요.

Q 그런데 왜 철거하지 않았어요?

박람회를 찾아 세계에서 온 관광객들이 에펠탑을 보고 감탄했거든요. 멋진 건축물이라며 **찬사**를 보냈고요. 또한 에펠탑 꼭대기에 무선 안테나를 설치하면서 텔레비전의 송신탑으로 쓰게 되었고 기상관측 등의 과학 실험에도 활용되었어요. 결국 에펠탑은 철거되지 않았답니다.

찬사 칭찬하는 말

Q 에펠탑이 빨간색이었다고요?

처음 세워졌을 때 에펠탑은 빨간색이었어요. 당시의 빨간색 페인트에는 녹을 방지하는 데 효과적인 성분이 포함되어 있었거든요. 에펠탑은 7년에 한 번씩 새로운 색으로 옷을 입어요. 철탑이 **부식**되는 걸 막고 특별한 기념을 하기 위해서죠. 에펠탑은 **숙련**

된 페인트공 50여 명이 정성들여 색을 칠해요. 60톤의 페인트가 사용되는데 탑의 아랫부분은 진하게, 탑의 꼭대기 부분은 연하게 칠해서 푸른 하늘과 어울리도록 하고 있어요. 에펠탑은 이제, 황금색으로 변신할 준비를 하고 있어요. 파리 올림픽이 열리는 2024년엔 근사한 황금색 에펠탑을 볼 수 있답니다.

> **부식** 금속이 주위 물질과 화학 반응을 일으켜 표면에서 변화가 일어나는 것
> **숙련** 연습을 많이 하여 능숙함.

에펠탑의 높이는 얼마인가요?

건설될 당시의 높이는 300미터였어요. 지금은 꼭대기에 설치된 안테나의 높이를 포함하여 324미터랍니다.

에펠탑에 올라갈 수 있나요?

엘리베이터를 타고 올라갈 수 있는 전망대가 있어요. 에펠탑에 올라가면 아름다운 파리 시내가 한눈에 보인답니다.

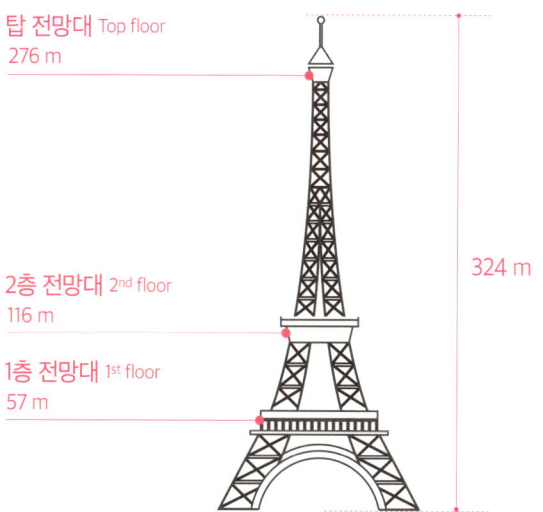

에펠탑과 세계박람회를 사랑한 화가

프랑스 화가 앙리 루소는 **센 강**의 풍경을 사랑했어요. 루소가 이 그림을 그린 1890년은, 파리 세계박람회가 열린 **이듬해**였어요. 화가의 뒤편에 만국기로 장식한 배와 에펠탑이 보이지요? 오른쪽 하늘에는 열기구가 떠 있어요. 루소는 세계박람회장에서 조국에 대한 자랑스러움을 느꼈어요. 그 마음을 그림으로 옮겼지요. 하지만 그림의 주인공은 에펠탑이 아니라 화가 자신인 것 같지요?

루소는 위대한 화가가 되고 싶었어요. 미술교육을 제대로 받지 못했지만 세관 공무원으로 일하면서 시간이 날 때마다 그림을 그렸어요. 일요일에만 그림을 그리는 아마추어 화가라며, 일요 화가라고 무시당하기도 했어요. 루소는 자신의 일터였던 센 강과 파리 시내의 미술관에 나가 묵묵히 그림을 그렸어요. 서투른 기술이지만 진지하게 관찰하고 끝없이 노력하여 자신만의 환상적이고 독특한 그림을 완성했지요. 그의 소망대로 루소는 결국 위대한 화가가 되었답니다.

센 강 프랑스의 수도인 파리의 가운데를 흐르는 강
이듬해 바로 다음해

⟨나, 초상 - 풍경⟩ 앙리 루소, 1890년

에펠탑이 보기 싫어요!

에펠탑이 세워지는 동안 프랑스의 많은 예술가들은 비난을 멈추지 않았어요. 철기둥, 깔대기, 뼈대라고 부르며 무척 싫어했어요. 하지만 에펠탑이 완성되자 비난을 멈추었어요.

그럼에도 불구하고 여전히 에펠탑을 싫어하는 사람이 있었어요. 그는 《여자의 일생》이라는 유명한 소설을 쓴 모파상이라는 소설가였어요. 모파상은 에펠탑이 보이지 않게, 자기 집의 창문을 에펠탑의 반대쪽으로 낼 정도였지요. 그런데 그가 매일 에펠탑 아래에서 식사를 하는 거예요. 에펠탑을 혐오하는 사람이 왜 에펠탑 아래에서 점심을 먹을까? 사람들은 궁금해서 물어보았어요. 모파상은 이렇게 대답했어요.

"파리에서 유일하게 에펠탑이 보이지 않는 장소가 바로 여기, 에펠탑 아래이기 때문이오."

 | # 에펠탑 영역

※ 번호와 같은 색을 칠해서 그림을 완성하세요. 무엇이 나타났나요?

| 0 | 1 | 2 | 3 | 4 | 5 |

정답 : _____

에펠탑을 설계한 구스타브 에펠이 설계한
또 다른 건축물이 미국에 있어요.
에펠탑만큼 유명한 이 랜드마크는 무엇일까요?

❶ 오페라하우스 ❷ 자유의 여신상

| 꼬꼬무 랜드마크 퀴즈 A | 구스타브 에펠이 설계한 또 다른 건축물은, 바로 ❷ 자유의 여신상이에요. |

05
STATUE OF LIBERTY
자유의 여신상

횃불처럼 타오르는 자유의 상징 | 1884년 | 미국 뉴욕

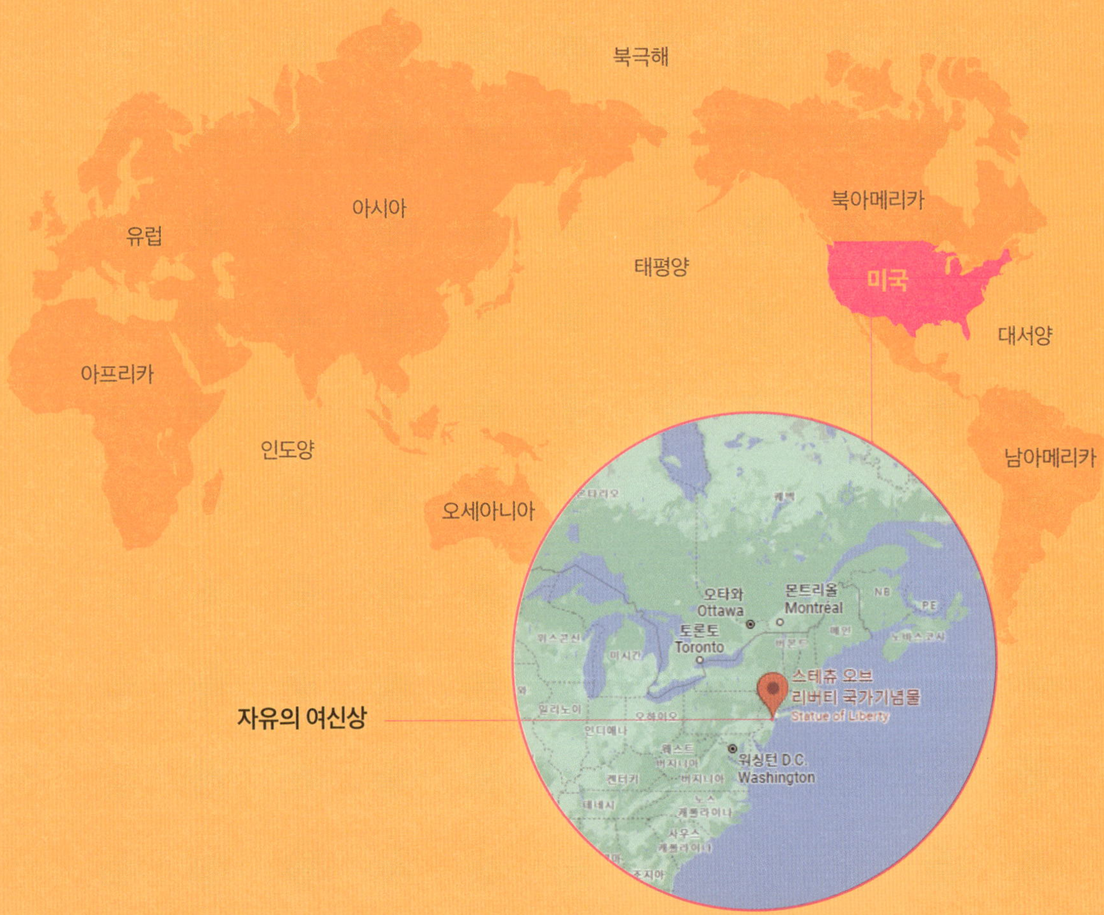

미국

위치	북아메리카
수도	워싱턴 D. C.
언어	영어
인구	약 3억 4,000만 명
화폐	미국 달러 (1달러 = 약 1,200원)
특징	러시아와 캐나다에 이어 세 번째로 면적이 넓은 나라예요. 다양한 민족과 인종이 어울려 살며 국제 사회를 이끄는 경제 대국이에요.

Q **자유의 여신상은 왜 만들었나요?**

1776년, 미국은 영국으로부터 독립을 선언했어요. 그로부터 100년이 지난 후, 프랑스는 독립 100주년 축하 선물을 미국으로 보냈어요. 이 선물이 바로 '자유의 여신상'이랍니다.

Q **사람들이 아주 작아 보여요.
자유의 여신상은 얼마나 큰 거예요?**

자유의 여신상의 발끝부터 횃불 끝까지 46미터예요. 딛고 있는 받침대의 높이가 47.5미터이니까 전체 높이는 93.5미터예요. 집게 손가락 하나가 사람의 키보다 훨씬 큰 2.44미터랍니다. 얼마나 큰지 짐작할 수 있겠지요?

Q **만드는 데 오래 걸렸을 것 같아요.**

프랑스는 1875년부터 만들기 시작해서 1884년에 완성했어요. 9년이 걸렸지요.

Q **이렇게 거대한 조각상을 프랑스에서 미국까지
어떻게 운반했어요?**

조각상을 완성했지만 거대하고 무거워서 완성된 형태로 운반할 수는 없었어요. 프랑스는 조각상을 350개의 조각으로 나누었어요. 그 조각들을 나무 상자에 나누어 담아 배에 실었어요. 조각이 담긴 나무 상자는 무려 241개였지요. 조각은 무사히 미국에 도착했고 미국은 4개월 동안 조각상을 조립했어요. 그런데 조립이 끝났는데도 조각상은 세워지지 못하고 창고에 머물러야 했어요.

왜 세워지지 못하고 창고에 있었어요?

거대한 조각상을 지탱할 받침대가 없었기 때문이에요. 이 사실은 뉴스에 실렸어요. 프랑스에서 선물한 독립 100주년 기념물이 세워지지 못하고 있다는 소식을 들은 사람들은 부끄럽게 생각했어요. 프랑스에 대한 예의가 아니라는 의견도 있었지요. 뉴욕 시민들은 모금 운동을 펼쳤고 모금액으로 받침대를 제작했어요. 드디어 1886년 10월 28일, 뉴욕항의 리버티 항구에 조각상이 세워졌어요.

 **조각상을 나누어서 옮겼다고요?
돌로 만든 석상이 아니에요?**

자유의 여신상은 구리 조각상이에요. 철근으로 뼈대를 세우고, 표면에 구리 조각을 붙여 완성했어요. 다만 조각상이 들고 있는 성화는 금으로 **도금**해서, 대낮에도 밝게 빛나게 만들었어요.

> **도금** 고체의 표면에 얇은 금박을 입히는 것

 **동상이 들고 있는 것은 무엇인가요?**

'자유의 여신상'이 오른손에 높이 들고 있는 것은 횃불이에요. 자유의 빛을 상징하지요. 왼손에는 미국의 독립 선언서를 들고 있어요. 거기에는 '1776년 7월 4일'이라고 적혀 있어요. 미국이 독립 선언을 한 바로 그 날이지요. 머리에는 뾰족한 뿔이 달린 왕관을 쓰고 있는데, 뿔은 모두 7개이며 7개 대륙을 상징해요. 여신상이 밟고 있는 쇠사슬은 노예 제도 폐지를 의미하고요. 다양한 의미를 담고 있는 자유의 여신상은 자유와 민주주의의 상징이랍니다.

※ 7개 대륙 : 아시아, 유럽, 오세아니아, 남아메리카, 북아메리카, 아프리카, 남극

Q 에펠탑을 만든 구스타브 에펠이 만들었어요?

'자유의 여신상'이 완성될 때까지 여러 명의 노력이 있었어요. 프랑스 조각가 프레데리크 오귀스트 바르톨디는 조각상의 크기와

 **자유의 여신상이 한 개가 아니래요!**

워싱턴 자유의 여신상

2.8 m

도쿄 자유의 여신상

7 m

센 강 자유의 여신상

11.5 m

(원본의 1/16), 2021년
프랑스는 미국의 독립기념일을 축하하기 위해 작은 크기의 '리틀 여신상'을 미국으로 보냈어요. 리틀 여신상은, 앞으로 10년간 미국에 머물면서 두 나라의 우정을 상징하게 된답니다.

(원본의 1/7), 1999년
일본은 프랑스에서 자유의 여신상을 빌려와 전시한 적이 있어요. 여신상을 반환한 이후에도 사람들은 몹시 아쉬워했어요. 그래서 프랑스에 **모조품** 제작 허가를 받고 만들었답니다.

(원본의 1/4), 1889년
프랑스대혁명 100주년을 기념해서 미국이 프랑스에 선물했어요. 높이 11.5미터의 작은 여신상은 센 강에 서 있답니다.

모조품 다른 물건을 본떠서 만든 물건을 가리키는 말

모습을 구상했고요. 프랑스 건축가 비올라 르 딕은 조각상의 구조를 설계했어요. 미국의 건축가 리처드 모리스 헌트는 조각상의 받침대를 설계했지요. 에펠탑을 설계한 구스타브 에펠은 자유의 여신상 내부 구조 공사를 마무리했답니다.

파리공예박물관 자유의 여신상

(원본의 1/4), 1878년
조각가 바르톨디가 진짜 조각상을 만들기 전에 미리 만들어본 작품이에요. 파리 국립기술공예박물관에 전시돼 있어요.

자유의 여신상을 닮았어요

이 그림은 프랑스에서 일어난 1830년 7월 혁명을 담았어요. 7월 혁명은, 시민의 자유를 억압하는 정부의 정책에 반대한 시민들의 **항거**였지요. 그림 속에서 시민군이 정부군의 총칼을 뺏어 들고 파리 시내를 달려가고 있어요. 앞장 선 여인은 혁명의 상징인 삼색기를 들고 있어요. 삼색기는 '자유와 평등, **박애**'를 상징해요.

화가는 신화에 등장하는 '자유의 여신' 리베르타스에서 **영감**을 받아 그렸다고 해요. 여인은 '프리기아'라는 작고 붉은 모자를 쓰고 있어요. 로마 시대에 자유를 되찾은 노예들이 썼던 모자예요. 총을 든 어린 소년은 프랑스의 미래를 나타내요. 화가는 그림을 통해 '역사의 주인은 **민중**이다!'라는 사실을 전하고 싶었어요.

자유의 여신상의 모습을 구상하던 조각가 바르톨디는 이 그림을 보고 영감을 받았어요. 깃발을 높이 들고 힘차게 전진하는 모습이 '자유의 여신상'과 무척 잘 어울리는 것 같지요?

> **항거** 순순히 복종하지 않고 맞서서 대항함.
> **박애** 모든 사람을 평등하게 사랑함.
> **영감** 신비한 예감이나 느낌 혹은 창조적인 일을 하는 계기가 되는 기발한 생각이나 자극
> **민중** 일반 국민을 부르는 단어

〈민중을 이끄는 자유의 여신〉 외젠 들라크루아, 1830년

 | # 자유의 여신상 영역

※ 색칠해진 부분에 숨은 단어는 무엇일까요? 힌트를 보고 퍼즐을 풀면 단어를 찾을 수 있어요.

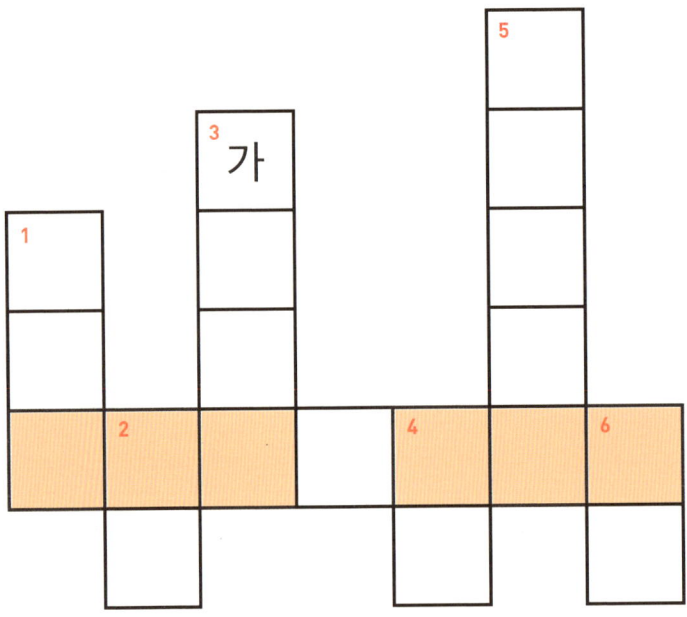

[세로 방향]

1. 동화 《피터 팬》에서 웬디는 피터 팬의 ○○○를 꿰매주었지요. 빛을 받으면 물체 뒤에 생기는 이것은 무엇일까요?
2. 미국에 '자유의 여신상'을 선물한 프랑스는 어느 대륙에 있는 나라인가요?
3. 가족끼리 모여 서로 의논하는 것.
   예) 여름 휴가를 어디로 갈 것인지에 대해 오늘 저녁에 ○○○○를 하기로 했어요.
4. 내가 어느 나라 사람이고, 누구인지 알려주는 신분증이에요. 다른 나라에 갈 때 꼭 필요해요.
5. 아테네의 수호신이며 파르테논 신전에서 모시는 신은 누구인가요?
6. '자유의 여신상'은 조각으로 나누어져 나무 ○○에 넣어 포장한 뒤 배에 실었어요.

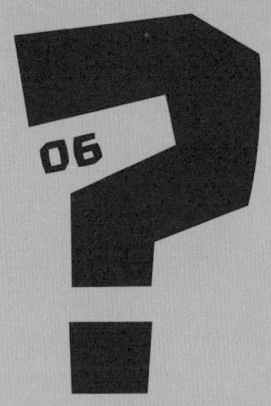

자유의 여신상을 세우기 위해 사람들은
마음을 모았어요. 하지만 화재가 발생해
사람들의 마음을 아프게 한 랜드마크도 있지요.
우리나라에 있는 이 랜드마크는 무엇일까요?

❶ 성 바실리 대성당   ❷ 숭례문

 사람들의 마음을 아프게 한 우리나라의 랜드마크는
❷ 숭례문이에요.

06

SUNGNYEMUN

숭례문

| 소중히 지켜야 할 대한민국 국보 | 1396 ~ 1398년 | 대한민국 서울 |

숭례문

ⓒ 문화재청

대한민국

위치	아시아 동쪽
수도	서울
언어	한국어
인구	약 5,100만 명
화폐	원
특징	남과 북이 대립하고 있는, 세계에서 유일한 분단국가예요. 첨단 과학 기술과 세련된 문화예술로 세계의 주목을 받고 있어요.

Q 숭례문은 무슨 뜻인가요?

한자로 숭은 '존중하다', 례는 '예절'을 뜻해요.
숭례문은 예를 존중하는 문이라는 뜻이에요.

崇 禮 門
존중하다 숭   예절 예(례)   문 문

Q 숭례문을 왜 지었어요?

숭례문은 조선을 건국한 태조 이성계가 세웠어요. 태조 이성계는 임금이 되고 나서 **도읍**을 옮기기로 했어요. 고려의 도읍이었던 개경을 떠나 한강 주변에 있는 한양을 조선의 새로운 도읍으로 정했지요. 먼저 **역대** 임금과 왕비의 **위패**를 모시는 종묘와 왕이 머물 궁궐을 지었어요. 그리고서 도읍을 상징하는 **성곽**을 빙 둘러 쌓았어요. 단단히 쌓은 성곽은 궁궐을 방어하기에도 좋았어요. 성곽에는 동서남북 방향으로 네 개의 문을 냈는데 이 문을 사대문이라고 해요. 숭례문은 성곽의 남쪽에 지어진 정문으로 성 안으로 드나들기 위해 지어졌답니다.

도읍 한 나라의 수도
역대 대대로 이어 내려온 여러 대
위패 죽은 사람의 이름과 죽은 날짜를 적은 나무패
성곽 적을 막기 위하여 흙이나 돌 따위로 높이 쌓아 만든 담

태조 이성계

Q 사대문은 무엇인가요?

성곽 동쪽으로 난 흥인지문(동대문), 서쪽으로 난 돈의문(서대문), 남쪽으로 난 숭례문(남대문), 북쪽으로 난 숙정문을 사대문이라고 해요. 북대문인 숙정문은 폐쇄되어서 출입할 수 없어요.

Q 숭례문을 남대문이라고 부르면 안 되나요?

"일제 강점기에 숭례문을 낮추어서 남대문이라고 부르게 했다"는 소문이 퍼진 적이 있어요. 하지만 잘못된 정보랍니다. 조선시대 왕조의 역사를 기록한 《조선왕조실록》에도 숭례문을 남대문이라는 명칭으로 부른 기록이 여러 번 남아 있어요. 남대문은, 숭례문을 편하게 부르는 명칭이랍니다.

Q 국보 1호 숭례문이, 우리나라에서 제일 중요한 보물인가요?

국보 1호, 보물 1호 등의 번호는, 일제강점기 때 문화재를 지정하면서 붙여졌어요. 일제가 조선총독부 건물에서 가까운 순서대로 문화재를 지정했다는 주장도 있어요. 번호는 분류하기에 편하도록 붙여졌기 때문에 특별한 의미는 없어요. 그래서 이제는 번호를 붙이지 않고 부르기로 했답니다. '국보 1호 숭례문'이 아니라 '국보 서울 숭례문'으로 말이에요.

숭례문 때문에 국민들의 마음이 아팠다고요?

2008년 2월 10일, 추운 겨울 저녁이었어요. 숭례문에서 불길이 솟아오른다는 소식이 전해졌어요. 나무로 지어진 숭례문은 순식간에 불길에 휩싸였어요. 소방차 32대와 소방관 128명이 황급히 출동했지만 2층 누각이 불타서 붕괴하고 말았지요. 불은 다시 1층으로 옮겨 붙었어요. 국민들은 안타까운 마음으로 숭례문이 불타는 모습을 지켜보아야 했어요. 많은 국민이 탄식하고 눈물을 흘렸지요. 저녁 9시에 시작된 불길은 5시간 만에 **진화**되었어요. 불이 꺼진 숭례문의 모습은 어땠을까요? 2층 누각은 10퍼센트만 남기고 모두 타버렸고 1층 누각은 지붕 일부가 파손되었어요.

진화 불을 끔

왜 불이 났어요?

숭례문의 화재는 방화였어요. 의도적으로 불을 지르는 것을 방화라고 해요. 숭례문의 방화범은 경기도에 사는 70대 남자였어요. 토지보상금에 불만이 있었는데 해결되지 않자 화가 나서 숭례문에 불을 질렀다고 말했어요. 범인은 재판에서 **징역** 10년형을 선고받았어요.

징역 죄인을 교도소에 가두어 노동을 시키는 형벌

숭례문은 지금 어떤 모습인가요?

화재가 일어난 직후에, 숭례문 **복원** 공사가 시작되었어요. 남아 있는 **도면**을 참고해 최대한 원래의 모습으로 복원하기 위해 노력

복원 원래대로 회복함
도면 건물의 설계를 그린 그림

했어요. 5년 3개월이 걸린 복원공사에는 약 260억 원이 들었어요. 2013년 다시 공개된 숭례문은, 아름답고 단정한 모습을 되찾아 서울의 남쪽을 지키고 있답니다.

복원하기 위해 불에 탄 누각을 철골로 지지한 숭례문 ⓒ 문화재청

 화재 후 달라진 점이 있나요?

숭례문에서 화재가 발생한 날인, 2월 10일을 '문화재 방재의 날'로 지정했어요. 폭풍, 화재, 지진 등의 재해를 막는 것을 방재라고 해요. 국보나 보물 목조문화재에 방재 시설을 갖추고 24시간 경비하는 인력을 배치했어요.

재난 영화 〈투모로우〉 한국판 포스터의 주인공은?

영화 〈투모로우〉는 이상기후가 나타나 지구가 온통 얼어붙게 되는 재난 영화예요. 영화사에서는 나라별로 다르게 포스터를 제작해서 영화를 홍보했어요. 프랑스 포스터에서는 에펠탑이 눈으로 뒤덮였고, 호주 포스터에서는 오페라하우스가 꽁꽁 얼어붙었어요. 한국판 포스터의 주인공은 바로 숭례문이었어요. 눈으로 덮여 차갑게 얼어가는 숭례문의 모습을 보니 기후변화의 무서움이 느껴지지요?

영화 〈투모로우〉 한국판 포스터

영화 〈투모로우〉 오리지널 포스터

살생부가 된 그림 한 점

숭례문이 완성되고 국가의 틀이 갖추어지는 조선 초기, 안견이라는 화가가 있었어요. 그림 실력이 뛰어났던 안견은 세종의 **총애**를 받았고 세종의 셋째 아들인 안평대군도 무척 아끼는 화가였어요.

어느 날 안평대군은 안견에게 자신의 꿈 이야기를 들려주었어요. 안견은 꿈속의 풍경을 3일 만에 그림으로 그렸어요. 바로 〈몽유도원도〉예요. 그때 안평대군은 정권 다툼 때문에 마음 졸이고 불안한 상황에 놓여 있었어요. 벗어나고픈 마음이 안평대군의 꿈에 스며들었겠지요? 평온하고 아름다운

총애 남달리 아끼고 사랑함

> **명부** 어떤 일에 관련된 사람의 이름 등을 적은 책
> **복위** 다시 그 자리에 오르게 함

그림의 한편에 안평대군은 글을 남겼어요. 안평대군을 따르는 이들도 글을 남겼지요. 하지만 훗날, 이 그림은 살생부가 되고 말아요. 죽이거나 살릴 사람을 결정하는 **명부**를 살생부라고 해요. 안평대군은 왕위에서 물러난 단종이 **복위**하기를 바랐는데 이로 인해 안평대군의 지지자들도 위험에 빠졌어요. 〈몽유도원도〉에 기록을 남겼다는 이유로 모두 죽임을 당했거든요. 그림을 그린 안견도 죽었을까요?

안견은 〈몽유도원도〉를 그리고 얼마 후, 외부와의 만남을 끊었어요. 덕분에 목숨을 지킬 수 있었다고 해요.

〈**몽유도원도**〉 안견, 1447년

 | # 숭례문 영역

숭례문의 반쪽을 예쁘게 그려서 완성하세요.

숭례문은 국민들의 안타까운 관심을 받았어요.
이와는 다르게 안타까운 공격을 받은 랜드마크도 있어요.
사랑과 공격을 동시에 받고 있는
덴마크의 작은 랜드마크는 무엇일까요?

❶ 인어공주 동상　　❷ 자유의 여신상

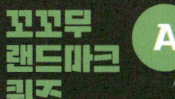

사랑과 공격을 함께 받고 있는 덴마크의 작은 랜드마크는
❶ 인어공주 동상이에요.

07
A STATUE OF THE LITTLE MERMAID
인어공주 동상

함께 지켜야 할 어여쁜 동화의 상징 | 1913년 | 덴마크 코펜하겐

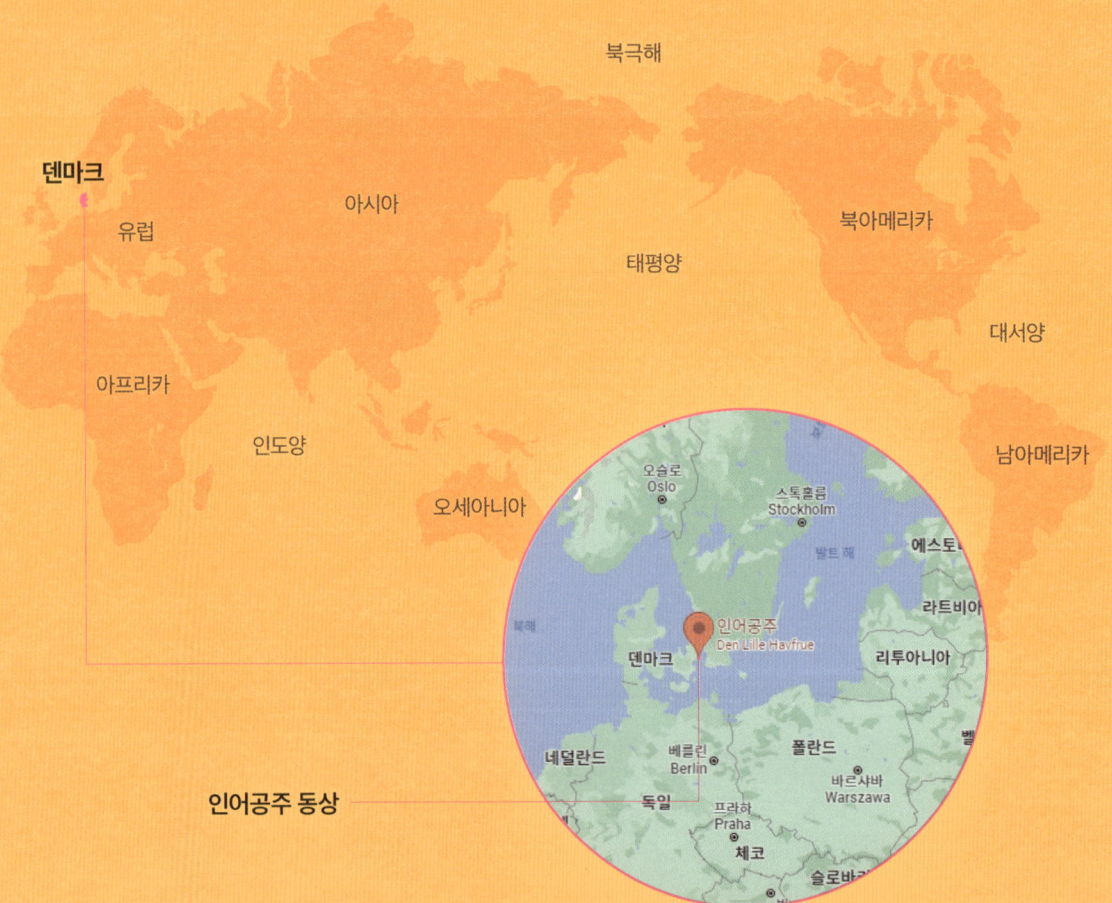

인어공주 동상

덴마크

위치	유럽 북쪽
수도	코펜하겐
언어	덴마크어
인구	약 590만 명
화폐	덴마크 크로네 (1크로네 = 약 190원)
특징	낙농업이 발달해서 유제품의 맛과 품질이 좋아요. 국민을 위한 복지제도가 잘 갖추어진 나라예요.

Q 인어공주 동상이 작다고요?

앉아 있는 높이가 초등학교 저학년 어린이의 키와 비슷한 125센티미터예요. 일반적인 동상보다 아주 작은 편이지요. 그렇지만 이 작은 동상을 보기 위해 전 세계의 많은 관광객들이 코펜하겐으로 여행을 온답니다.

Q 동화 속 인어공주를 동상으로 만들었어요?

맞아요. 안데르센의 동화 《인어공주》 속 '인어공주'가 바로 동상의 주인공이에요.

Q 인어공주를 왜 동상으로 만들었죠?

덴마크에는 칼스버그라는 유명한 맥주 회사가 있어요. 어느 날, 칼스버그의 회장인 칼 야콥센이 덴마크 왕립발레단의 발레공연을 관람했어요. 그 공연의 제목은 '인어공주'였어요. 칼 야콥센은 그 공연을 보고 큰 감명을 받았어요. 그래서 인어공주 동상을 제작하기로 마음먹었죠. 칼 야콥센은 조각가에게 제작을 **의뢰**했고, 인어공주 역할을 한 발레리나에게 조각상의 모델이 되어줄 것을 제안했어요. 두 사람 모두 승낙하여 조각상을 제작하기 시작했어요. 하지만 작업을 하는 중간에 발레리나가 모델을 하지 않겠다고 했어요.

의뢰 다른 사람에게 부탁하는 것

Q 발레리나는 왜 모델을 하지 않겠다고 했어요?

인어공주 조각상은 덴마크의 조각가 에드바르드 에릭센이 제작했어요. 조각가는 자신의 부인을 모델로 해서 조각상을 만들었어요. 발레리나가 모델이 되어주기로 했는데 왜 부인을 모델로 한 걸까요? 발레리나는 모델이 되기로 했지만, 조각상이 옷을 입지 않은 상태로 만들어질 거라는 사실은 알지 못했어요. 그녀는 낯선 남자 앞에서 **누드모델**이 되는 것을 원하지 않았어요. 그래서 모델이 되는 것을 거부했지요. 결국 조각가는 발레리나의 머리만을 본 떠 조각상의 머리를 만들었어요. 인어공주 동상의 몸은 조각가의 부인을 모델로 해서 완성했답니다.

> **누드모델** 그림이나 사진 등의 작품을 위해 옷을 벗고 자세를 취하는 모델
> **엑스포** 박람회

동상이 없어졌다고요?

2010년 3월부터 7개월 동안, 인어공주 동상이 중국의 상하이 **엑스포**에 간 적이 있어요. 역사상 처음으로 코펜하겐을 떠난 것이지요. 당시 코펜하겐 시민의 52퍼센트가 인어공주가 상하이로 가는 것을 반대했다고 해요. 인어공주가 파손되지 않을까 무척 염려했거든요. 그래서 모조품을 보내자는 의견도 있었어요. 동상은 코펜하겐에서 상하이까지 비밀리에 조심스럽게 이동했어요. 인어공주 동상이 떠난 자리에는 바위 근처에 비디오 장치를 설치해 상하이에 전시된 인어공주의 모습을 실시간으로 볼 수 있게 했어요. 우려 속에 코펜하겐을 떠났던 인어공주 동상은 무사히 제자리로 복귀했답니다.

Q 인어공주 동상이 공격을 당했다고요?

인어공주는 많은 공격을 당했어요. 동상에 페인트가 칠해지는 페인트 **테러**를 당하기도 했고 동상의 머리가 잘리는 일도 있었어요. 술 취한 청소년들이 동상의 팔을 자르기도 했고요. 2003년 어느 날이었어요. 새벽 3시쯤 순찰하던 경찰이 바닷물에 둥둥 떠 있는 인어공주 동상을 발견했어요. 동상에 폭탄이 설치되어 있었는데, 폭탄이 터지면서 동상이 바다에 떨어진 거예요. 덴마크가 이라크 전쟁에 개입하는 걸 항의하는 시위대의 행동이라고 추정했어요. 그 이후에도 인어공주 동상은 청년 단체, 여성 단체, 인권 운동 단체 등 수많은 활동가에 의해 공격당하거나 이용되고 있답니다.

> **테러** 폭력을 써서 적이나 상대방을 위협하거나 공포에 빠뜨리는 행위

Q 왜 인어공주 동상을 이용하죠?

많은 이들이 아끼고 좋아하는 인어공주 동상을 이용해 의견과 생각을 나타내면 더 큰 관심을 끌 수 있다고 생각하기 때문이에요. 이러한 행동을 반달리즘이라고 해요. 반달리즘은 문화재나 유적, 예술품 등을 파괴하거나 훼손하는 행동을 가리키는 말이에요. 5세기 초, 게르만족의 일파인 반달족이 지중해 연안에서 로마에 이르는 지역으로 이동하면서 로마의 문화재를 약탈하고 파괴한 일에서 유래되었어요.

고흐의 그림에 페인트를 뿌리는 행동, 콜로세움에 낙서를 하는 행위, 우리나라에서 일어난 숭례문 방화 사건도 반달리즘의 사례라고 볼 수 있지요.

동상이 파손되면 똑같이 만들 수 있나요?

다행스럽게도 똑같이 만들 수 있어요. 조각가인 에드바르드 에릭센이 석고로 인어공주 동상의 틀을 떠 놓았기 때문이에요. 처음 만든 동상은 이미 사라졌어요. 1964년에 동상의 머리가 잘리는 사건이 일어났거든요. 하지만 동상의 틀이 있었기 때문에 원본과 똑같이 만들 수 있었어요. 조각가의 **유족**들은, 동상의 틀을 비밀 장소에 보관하고 있다고 해요.

유족 죽은 사람에게 남아 있는 가족

《인어공주》를 지은 안데르센

안데르센은 외롭고 불행했대요

《인어공주》를 쓴 사람은 한스 크리스티안 안데르센이에요. 덴마크의 동화 작가인 안데르센은 《인어공주》 말고도 《엄지 공주》, 《성냥팔이 소녀》, 《벌거벗은 임금님》, 《미운 오리 새끼》 등을 썼어요. 모두 재미있고 흥미롭지요. 그래서 사람들은 안데르센이 행복한 삶을 살았을 거로 생각해요. 하지만 그렇지 않았어요.

안데르센은 덴마크의 오덴세라는 도시에서 태어났어요. 구두 수선공이었던 아버지는 일찍 세상을 떠났고 세탁부였던 어머니는 그가 어릴 적 재혼했어요. 집안 형편은 어려웠지요. 안데르센은 인형 놀이를 좋아하는 내성적이고 예민한 성격이었어요. 형제가 없는 안데르센은 늘 혼자 놀았는데 동화를 쓰면서 사람들로부터 인정받았어요. 그래도 안데르센은 외로웠어요. 친구를 만드는 데 서툴렀거든요. 좋아하는 여성에게 마음을 고백했지만, 번번이 거절당했어요. 다른 사람의 마음을 읽는 데 서투른 안데르센은 상대에게 부담스러운 존재였어요. 안데르센은 자신을 '미운 오리 새끼'라고 생각했대요.

세상에서 가장 아름다운 인어 그림

동화 속 인어공주는, 왕자의 사랑을 얻기 위해 자신의 목소리를 내어주고 인간의 다리를 얻었어요. 하지만 왕자가 사랑한 사람은 인어공주가 아니었지요. 인어공주는 마음이 아팠어요. 왕자를 죽이면 다시 인어로 돌아갈 수 있었지만 그럴 수 없었죠. 결국 인어공주는 바다에 몸을 던져 물거품이 되고 말아요. 끝까지 왕자의 목숨을 지키는 인어공주의 슬픈 사랑 이야기예요.

그림 속 인어는, **홍조** 띤 얼굴로 붉은 머리카락을 빗고 있어요. 하반신은 은색 비늘로 뒤덮였고 푸른 지느러미가 엉덩이를 감싸고 있어요. 중세 시대에 붉은 머리카락은 마녀를 상징했어요. 그림 속 인어의 머리칼이 붉은색이지요? 중세 시대 사람들에게 인어는 인간을 위협하고 목숨을 빼앗아 가는 위험한 존재였어요. 마녀처럼 두려움의 대상이었지요. 그림 속 인어가 위험해 보이나요? 존 윌리엄 워터하우스의 〈인어〉는 가장 아름다운 인어 그림으로 평가받고 있답니다.

홍조 붉은 색깔이 도는 것

〈인어〉 존 윌리엄 워터하우스, 1900년

 | # 인어공주 동상 영역

※ 네모 안의 초성을 가진 낱말이 그림 속에 숨어 있어요. 낱말을 완성하고, 그림도 멋지게 색칠하세요.

| ㄱ | ㅂ | ㅇ | | ㄱ | ㅇ | ㄹ | | ㅎ | ㅁ |

| ㅅ | ㅇ | | ㅈ | ㄱ | | ㅁ | ㅇ | | ㅅ | ㅊ |

| ㅇ | ㅇ | ㄱ | ㅈ | | ㅂ | ㄱ | ㅅ | ㄹ |

인어공주 동상은 안데르센의 동화를 생각나게 하지요.
어린이들이 동화만큼이나 좋아하는
디즈니 애니메이션에 등장하는 랜드마크가 있어요.
독일에 있는 이곳은 어디일까요?

❶ 노이슈반슈타인 성   ❷ 개선문

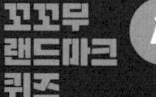 **A** 어린이들이 좋아하는 디즈니 애니메이션에 등장하는 성은
❶ 노이슈반슈타인 성이에요.

08
NEUSCHWANSTEIN CASTLE
노이슈반슈타인 성

| 백조를 닮은 우아한 숲속 궁전 | 1869 ~ 1892년 | 독일 퓌센 |

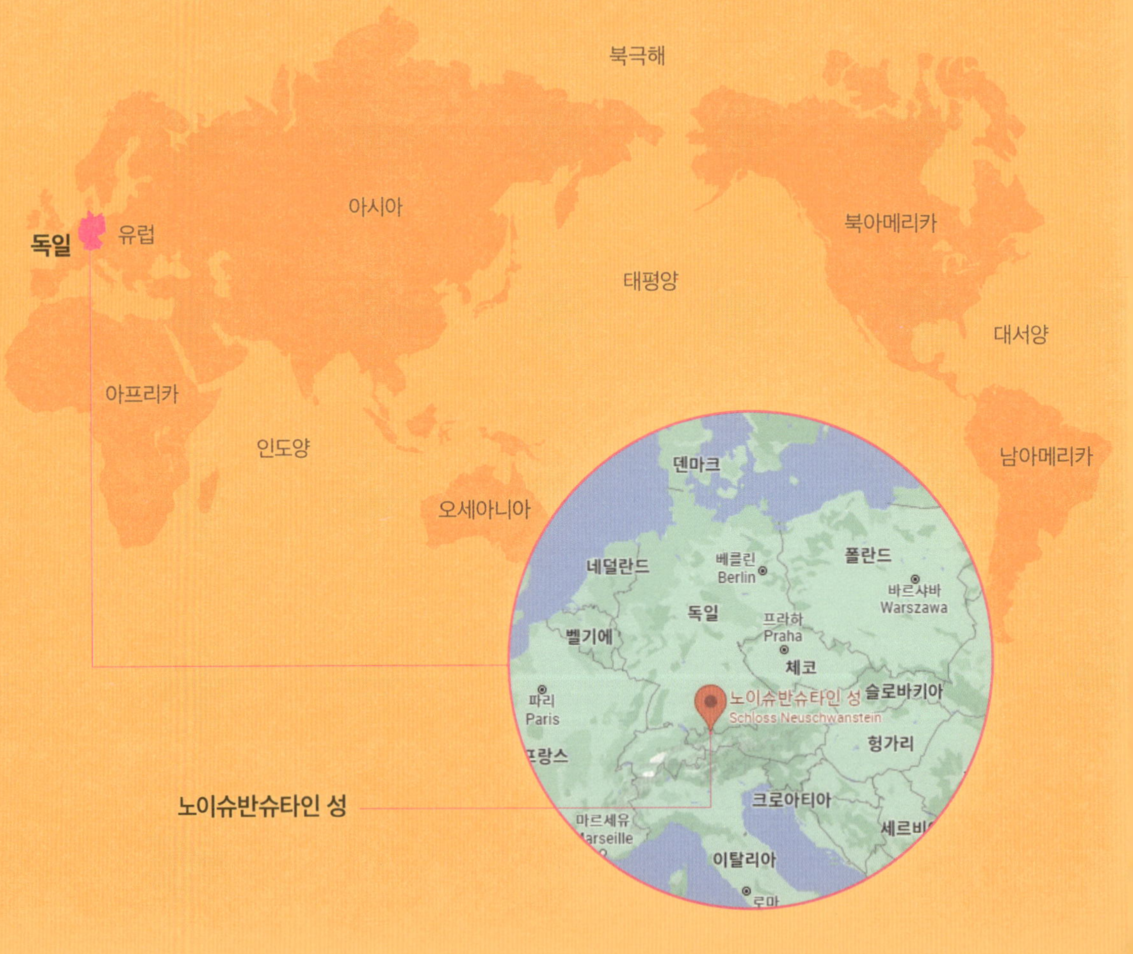

독일

위치	유럽 중부
수도	베를린
언어	독일어
인구	약 8,400만 명
화폐	유로 (1유로 = 약 1,400원)
특징	동독과 서독으로 나누어진 분단국가에서 통일을 이룬 나라예요. '라인강의 기적'으로 불리는 급속한 경제 성장을 이루었으며, 기술과 교육을 중요하게 여기는 나라예요.

Q 노이슈반슈타인 성이 왜 디즈니 성이에요?

디즈니 애니메이션이 시작되기 전에, 아름답고 화려한 성 위로 슝하고 불꽃이 날아가 터지는 모습을 본 적 있지요? 그 성이 바로 노이슈반슈타인 성이에요. 디즈니의 **창립자**인 월트 디즈니는 유럽을 여행하던 중 노이슈반슈타인 성을 보고 한눈에 반했어요. 성의 모습을 디즈니의 **로고**로 활용하기로 마음먹었죠. 그 후로 디즈니 성이라는 애칭이 생겼어요.

창립자 새로 만든 사람
로고 단체나 기업 등에서 사용하는 상징

Q 노이슈반슈타인은 무슨 뜻이에요?

'새로운 백조의 성'이라는 뜻이에요. 바이에른 왕국(지금은 독일 바이에른 주)의 국왕인 루트비히 2세가 이 성을 짓기 시작했을 때 국왕은 바그너라는 독일의 음악가에게 푹 빠져 있었어요. 특히 바그너의 **오페라** 중 백조의 기사가 등장하는 〈로엔그린〉이라는 오페라에 감명을 받고 성 이름에 백조를 넣기로 했어요. 이름만이 아니었어요. 오페라에 나오는 여러 장면을 조각으로 새기고 그림으로 그려 넣었지요. 백조가 헤엄치는 인공 연못과 동굴도 만들었어요. 백조의 성이라는 이름이 어울리지요?

오페라 음악·연극·무용·미술 등을 어울리게 조합한 무대 예술

Q 바그너는 어떤 음악가예요?

리하르트 바그너

독일의 작곡가예요. 특히 독일을 대표하는 오페라 작곡가로 낭만주의 오페라 전성시대를 열었다고 평가받고 있어요. 서정적이고 감성적인 면이 강조된 오페라를 낭만주의 오페라라고 해요. 바그너의 오페라 중 유럽의 신화와 전설을 주제로 한 작품은 더 많은 사랑을 받았지요. 음악가이지만 작가이자 철학자이기도 했던 바그너는 오페라를 활용한 음악극이라는 새로운 장르를 시도해서 19세기 문화 예술에 큰 영향을 끼쳤어요.

Q 루트비히 2세는 오페라를 좋아했나요?

루트비히 2세는 어린 시절에 부모님과 많은 시간을 보내지 못했어요. 부모님인 막시밀리안 2세 국왕 부부는 가정교사에게 자녀의 교육을 맡기고 관심을 두지 않았거든요. 루트비히 2세는 유모가 들려주는 **중세 시대**의 전설과 옛 동화를 들으며 성장했어요. 전설과 동화는 외로운 왕자의 친구였지요. 바그너의 오페라를 유독 좋아한 이유는, 오페라에 나오는 중세 시대의 전설을 사랑했기 때문이에요.

> **중세 시대** 유럽 역사에서 로마 제국이 멸망한 5세기부터 르네상스의 시대가 시작한 15세기 초까지의 기간(476~1450년). 종교가 강력한 힘을 가진 시대이며, 마녀가 존재한다고 믿었다.

루트비히 2세는 어떤 사람이었나요?

191센티미터의 큰 키와 잘생긴 얼굴로 인기가 많은 꽃미남이었어요. 가난한 사람들에게 관대하고 자비로운 국왕이었지요. 루트비히 2세는 18살에 왕이 되었어요. 너무 일찍 준비도 없이 갑자기 왕이 되어서 루트비히 2세는 무척 힘들었어요. 왕이 된 지 2년 후, 바이에른 왕국은 프로이센과의 전쟁에서 지고 말아요. 왕국을 잃은 왕은 허수아비 왕이 되었지요. 루트비히 2세는 더욱 소극적이고 내성적으로 변해갔어요. 예술의 세계에 깊이 빠져들었고 바그너와 함께 시간을 보내는 일이 많아졌어요. 노이슈반슈타인 성을 짓기 시작한 지 15년이 지났을 때, 국왕은 노이슈반슈타인 성으로 옮겨갔어요. 그곳에서 국왕은 바그너의 오페라에서 펼쳐지는 상상의 세계에 몰두했어요. 중세 시대의 절대 권력자가 되는 **망상**에 사로잡혀 지냈지요. 하지만 국왕은 이 성에 오래 머물지 못했어요.

> **망상** 헛된 생각

 ### 왜 오래 머무르지 못했어요?

성을 만드느라 엄청난 돈을 쓰고 많은 빚까지 지게 되자 귀족들이 국왕의 왕관을 빼앗았어요. 상상의 세계에 빠져 있는 국왕의 정신병이 심각해서 나라를 통치할 수 없다는 이유였지요. 국왕은 왕좌에서 쫓겨나 40세에 죽었답니다.

Q 국왕은 백조의 성에서 얼마 동안 살았어요?

어린 나이에 왕이 된 루트비히 2세는, 감당하기 어려운 현실 속에서 동화 같은 삶을 꿈꾸었지요. 하지만 성이 완공되기도 전에 왕관을 뺏기고 죽음을 맞았어요. 성에는 102일 동안 머물렀답니다.

Q 노이슈반슈타인 성 안에 독일 최초의 수세식 화장실이 있다는 게 진짜인가요?

성의 외관은 **고풍스럽고** 동화처럼 아름다워요. 하지만 성의 내부는 현대적인 시설을 갖추고 있었어요. 대표적인 시설이 바로 수세식 화장실이에요. 성의 테마인 오페라 〈로엔그린〉의 배경이 되는 중세 시대의 화장실은 불편하고 청결하지 못했어요. 성의 높은 곳에 구멍을 뚫어 볼일을 보면, 아래쪽에 대기하는 신하가 치우는 방식이었어요. 중세 시대에는 마법사와 마녀가 배설물을 먹는다고 믿었기 때문에 치우지 않고 내버려두는 경우도 많았고요. 하지만 루트비히 2세는 150미터나 되는 웅덩이를 파서 파이프를 설치해 물이 나오게 했지요. 그래서 물로 깨끗하게 뒤처리를 할 수 있었어요. 이 화장실이 독일 최초의 수세식 화장실이에요.

> **고풍스럽다** 옛날 것과 같은 멋이 있다.

국왕이 사랑한 〈로엔그린〉은 얼마나 재미있을까?

로엔그린은 중세 독일 전설에 나오는 기사의 이름이에요. 루트비히 2세가 흠뻑 빠져 있던 오페라 〈로엔그린〉은 과연 얼마나 재미있을까요?

브라반트 공국의 **영주**에게는 남매가 있었어요. 딸은 엘자, 아들은 고트프리트였어요. 영주가 죽은 지 얼마 되지 않아 고트프리트 왕자도 사라졌어요. 마녀는 엘자가 고트프리트를 죽인 것이라고 모함했어요. 그때 백조가 이끄는 배를 타고 미지의 기사가 등장했어요. 미지의 기사는 바로 로엔그린이었어요.

하지만 그가 누구인지 아무도 알지 못했지요. 미지의 기사는 마녀의 남편과 벌인 결투에서 승리하여 엘자가 무죄라는 걸 밝혔어요. 그리고 자신이 누구인지 말하지 않는 조건으로 엘자와 결혼했어요. 이때 연주되는 결혼 행진곡은 아주 유명해요. 지금도 결혼식장에서 신랑 신부가 함께 행진할 때 사용되는 음악이에요.

미지의 기사와 겨룬 결투에서 지자 마녀는 화가 났어요. 신랑의 정체가 궁금하지 않냐며 신부 엘자를 **부추겼어요**. 호기심을 이기지 못한 엘자는 신랑에게 물었어요.

"당신의 정체가 무엇인가요?"

신랑은 "나는 기사 로엔그린이요."라고 대답한 뒤, 그곳을 떠나야 한다고 했어요. 자신의 정체가 밝혀져서는 안 되었으니까요.

로엔그린 앞에 처음 타고 왔던 백조가 끄는 배가 다시 나타났어

> **영주** 중세 시대 유럽에서 토지를 가진 사람을 부른 호칭
> **부추기다** 남을 이리저리 들쑤셔서 어떤 일을 하게 만들다

〈백조를 타고 나타나는 로엔그린〉

요. 로엔그린은 배를 끌던 백조를 본래의 모습인 고트프리트 왕자로 되돌려놓고 떠나버렸어요. 마녀가 왕자를 백조로 만들어버렸거든요. 자신의 실수로 인해 로엔그린이 떠나버리자 엘자는 동생의 품 안에서 정신을 잃고 죽었답니다.

루트비히 2세

국왕은 살해당한 걸까?

왕좌에서 쫓겨난 지 3일 만에 루트비히 2세는 시체로 발견되었어요. 국왕의 시체가 성 근처의 호수에 떠올랐기 때문에 모두 **익사**라고 생각했어요.

하지만 그의 죽음에는 의문점이 많아요. 왕이 빠진 호수는 고작 무릎 깊이였거든요. 게다가 왕은 수영을 무척 잘했어요. 수영을 잘하는 왕이 얕은 물에 빠져죽다니, 이상하지요? 가장 의문스러운 부분은 따로 있어요.

익사라고 알려졌는데, **부검**했을 때 폐에서 물이 나오지 않았다는 점이에요. 사람이 물에 빠졌을 때 숨을 쉬면 몸속으로 물이 흡입되어 몸에 남아요. 그런데 폐에서 물이 나오지 않았다면 살아 있을 때 물에 빠진 것이 아닐 수 있다는 의심이 생기지요.

국왕이 **퇴위**라는 굴욕을 참지 못하고 스스로 죽음을 택한 것인지, 누군가에 의해 살해당한 것인지 여전히 미스터리랍니다.

익사 물에 빠져 죽음.
부검 사망 원인을 조사하기 위하여 죽은 이후에 검진하는 것
퇴위 임금의 자리에서 물러나게 하는 것

 | # 노이슈반슈타인 성 영역

※ 다음 질문을 잘 읽고 알맞은 답을 골라보세요.

1. 빈칸에 알맞은 말을 골라 번호를 쓰세요. (   )

   노이슈반슈타인 성은 _____ 성이라고도 불려요.

   ① 지브리   ② 픽사   ③ 디즈니   ④ 공주

2. 루트비히 2세 국왕은 이 음악가의 오페라를 사랑했어요. 누구일까요? (   )

   ① 바그너   ② 모차르트   ③ 베토벤   ④ 슈베르트

3. 노이슈반슈타인 성은 어떤 동물에서 영감을 받았을까요? (   )

①   ②   ③   ④

4. 다음 내용을 읽고, 바르게 연결되는 문장을 골라 줄을 그으세요.

성에는 물로 깨끗하게 뒤처리할 수 있는 ●   ● '새로운 백조의 성'이라는 뜻이에요.

노이슈반슈타인 성은 ●   ● 나라를 통치할 수 없다는 이유로 쫓겨났어요.

국왕은 정신병이 심각해서 ●   ● 독일 최초의 수세식 화장실이 있어요.

노이슈반슈타인 성은 애니메이션에 등장하는 아름다운 성이에요. 컴퓨터 게임에 등장해서 우리에게 친숙한 랜드마크는 어디일까요? 러시아에 있어요.

① 부르즈 할리파   ② 성 바실리 대성당

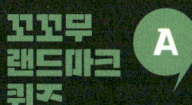 게임에 등장해서 친숙한 랜드마크는
② 성 바실리 대성당이에요.

09 성 바실리 대성당

ST. BASIL'S CATHEDRAL

무서운 황제의 아름다운 걸작 | 1554 ~ 1561년 | 러시아 모스크바

성 바실리 대성당

러시아

위치	유럽과 아시아 북부
수도	모스크바
언어	러시아어
인구	약 1억 5,000만 명
화폐	루블 (1루블 = 약 14원)
특징	영토가 가장 넓은 나라이고 북동부 시베리아는 세계에서 가장 추운 지역이에요. 러시아는 아시아와 유럽의 문화가 혼합된 독특한 문화를 가지고 있어요.

Q 성 바실리 대성당은 어떤 게임에 등장해요?

성 바실리 대성당은 블록 퍼즐을 맞추는 테트리스 게임에 등장해요. 게임을 시작할 때 밝고 경쾌한 음악과 함께 멋진 대성당이 나타난답니다.

테트리스 게임 화면

Q 성당이 멋지고 화려해요. 언제 지어진 거예요?

모스크바 공국의 **대공**인 이반 4세는 강한 나라를 만들고 싶었어요. 그래서 모스크바 공국을 위협해온 카잔 칸국을 정복하기로 했지요. 전투는 치열했어요. 이반 4세는 단 8일 만에 전투에서 승리하고 카잔 칸국을 **점령**했어요. 이 승리를 기념하기 위해 1554년에 바실리 대성당을 지었어요.

> **대공** 유럽에서 작은 나라의 왕을 부르는 말
> **점령** 다른 나라의 영토를 군사력으로 차지하는 것

Q 바실리 대성당은 흔히 봤던 성당의 모습과 달라요. 어떤 특징이 있어요?

곧고 반듯한 직선 모양의 성당과는 다른 모습이지요? 커다란 양파 모양의 둥근 지붕들과 화려한 색깔이 이 성당의 특징이에요. 둥근 지붕은 불꽃 같은 모양이죠? 신도들이 신에게 기도하는 모습을 타오르는 촛불로 표현한 것이에요. 또 많은 눈이 내리는 러시아에서 지붕에 눈이 쌓이지 않도록 둥근 돔 모양을 선택했지요. 성당이 다채로운 색을 가진 것도 특별해요. 전통적인 자수에 사용되는 다양

하고 화려한 색으로 성당을 칠했기 때문이에요. 그때에도 성당은 주로 흰색으로 칠했어요. 그래서 화려한 색의 성 바실리 대성당은 더욱 특별해 보인답니다.

Q 대성당의 둥근 지붕 건물은 무엇인가요?

대성당의 둥근 지붕 예배당

대성당의 둥근 지붕 건물은 기도를 드리는 예배당이에요. 대성당을 지을 때 예배당은 8개였어요. 이반 4세가 카잔 칸국을 8일 만에 정복한 것을 기념하기 위해서 8개의 예배당을 만든 거지요. 성 바실리 대성당은 8개의 예배당이 가운데에 있는 가장 높은 예배당 1개를 감싼 모습이에요. 시간이 지나면서 열 번째 예배당이 생겼어요. 이곳에는 성 바실리의 무덤이 있답니다.

Q 성 바실리 대성당에 무서운 전설이 숨어 있다고요?

러시아 최고의 건축가 두 명이 대성당을 멋지고 근사하게 완성했을 때였어요. 이반 4세가 물었어요. "이렇게 아름다운 성당을 다시 지을 수 있는가?" 건축가는 "네." 하고 대답했어요. 그러자 이반 4세가 무시무시한 명령을 내렸어요. "당장 이들의 눈을 멀게 하라!" 성 바실리 대성당과 같은 아름다운 건축물을 더 짓지 못하게 하려는 거였어요. 하지만 이 전설은 사실이 아니라는 의견이 많아요. 이반 4세가 훌륭하게 지어진 대성당을 보고 몹시 만족했다는 이야기가 무섭게 변형된 것으로 추측하고 있어요.

무시무시한 명령을 내린 이반 4세는 무서운 황제인가요?

이반 4세의 다른 이름은 '이반 뇌제'예요. 갑작스럽게 내리치는 번개처럼 공포스러운 황제라는 뜻이에요. 이반 4세가 처음부터 뇌제였던 것은 아니에요. 이반 4세는 불행한 어린 시절을 보냈어요. 3살 때 아버지가 세상을 떠났고, 7살 때 어머니마저 죽었어요. 귀족들과 권력 다툼이 심했던 어머니는 **독살**당했다는 소문이 **파다했지요**. 황태자인 이반 4세는 대공의 지위를 물려받았지만, 귀족들은 이반 4세를 인정하지 않았어요. 인정하기는커녕 이반과 그의 동생을 궁의 탑에 가두고 먹을 것도 제대로 주지 않았어요. 이반 4세는 영리하고 총명한 아이였어요. 정식으로 황제가 될 때까지 감정을 숨기고 불안함을 감추며 하루하루를 지냈어요. 황제가 된 이반 4세는 영토를 확장하고 서유럽의 선진 문물을 들여왔어요. 국민들은 황제를 좋아했어요.

> **독살** 독약을 사용하여 죽임.
> **파다하다** 소문 따위가 널리 퍼져 있다.

국민들이 좋아했는데 왜 무서운 황제가 되었어요?

어느 날 왕비가 죽었어요. 왕비의 죽음은 황제에게 커다란 충격을 주었어요. 황제는, 왕비가 어머니처럼 독살당했다고 믿었거든요. 이후 황제는 완전히 다른 사람이 되었어요. 아무도 믿지 못하고 의심했어요. 수많은 사람을 처형했고 심지어 아들까지 죽이고 말았어요. 잔혹한 폭군이 되었지요. 이반 4세는 훌륭한 통치자와 잔혹한 폭군, 두 개의 이름을 가진 황제랍니다.

성당이 폭파될 뻔한 사건이 있었어요?

19세기에 프랑스의 나폴레옹이 모스크바를 정복했을 때의 일이에요. 프랑스 군인들은 바실리 대성당을 **마구간**으로 사용했어요. 값나가는 보물을 약탈한 나폴레옹은 성당을 폭파하기로 했지요. 하지만 프랑스 군은 그럴 겨를이 없었어요. 러시아의 매서운 추위를 견디지 못해 서둘러 **철수**했거든요. 100년이 지난 후, 소비에트 연방이 들어섰을 때도 성당은 파괴될 위기를 맞았어요. 다행히도 문화재를 보존해야 한다는 목소리가 커지면서 성당은 철거되지 않았어요.

마구간 말을 기르는 곳
철수 진출하였던 곳에서 물러나는 것

〈**러시아에서 퇴각하는 나폴레옹**〉 아돌프 노르텐, 19세기 추정
※ 나폴레옹 : 프랑스 군인이며 황제의 자리에 올랐어요.

재미톡톡 그림이야기

잔혹한 왕의 뼈아픈 후회

이반 4세는 첫 아내 아나스타샤와의 사이에서 낳은 황태자 이반을 좋아했어요. 그러나 황태자는 아버지의 잔혹한 **공포 정치**를 반대했지요. 두 사람은 사이가 좋지 않았어요. 어느 날, 황제는 임신한 황태자비가 입은 옷을 보고 화를 냈어요. 귀족은 3가지 이상의 옷을 겹쳐 입어야 하는데 고작 하나만 입었다는 이유였지요. 황제는 분노하며 황태자비를 마구 때렸어요. 그러다 황태자비는 임신한 아이를 잃고 말았어요. 황태자는 아버지에게 저주를 퍼부었어요. 이 모습에, 황제는 이성을 잃고 아들을 쇠 지팡이로 사정없이 때렸어요. 문득 제정신을 차리니 아들은 이미 생명이 위독한 상태였지요. 그제야 황제는 아들을 부둥켜안고 하염없이 울었어요.

그림 속에서 황제는, 후회와 두려움과 슬픔에 얼어붙은 것처럼 보여요. 피가 흐르는 아들의 머리를 감싼 채 절망하고 있지요. 황태자는 열흘 뒤 죽고 말았어요. 훗날 황제는 황태자 이반의 이름을 부르며 눈을 감았다고 해요.

공포 정치 국민들에게 공포감을 주는 정치

<이반 4세와 그의 아들 이반> 일리야 레핀, 1885년

이반 4세가 유일하게 무서워한 성인 바실리

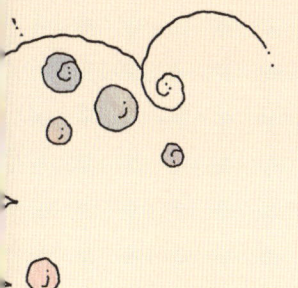

바실리는 모스크바에서 태어났어요. 사람들은 바실리를 이상한 사람이라고 생각하며 바보 성자라고 불렀어요. 한겨울에도 옷을 입지 않고 맨발로 돌아다녔고 알아들을 수 없는 이상한 소리를 항상 중얼거렸거든요. 바실리 **성인**은 성직자는 아니었지만 예지 능력이 있어서 모스크바에서 일어난 대화재를 예언하기도 했어요.

어느 날, 이반 4세 황제가 교회에서 미사를 보다가 깜빡 졸았어요. 그때 바실리 성인이 갑자기 일어나더니 황제에게 벼락같은 호통을 쳤어요. 무섭고 잔혹한 황제에게 호통을 치다니요? 그때부터 사람들은 바실리를 미친 사람이 아니라 성령을 받은 사람으로 생각했어요. 이반 4세마저도, 바실리가 성령의 힘이 있다고 믿으며 **회개**했다고 해요.

성인 지혜와 덕이 매우 뛰어나 본받을 만한 사람 (= 성자)
회개 잘못을 뉘우치고 고치는 것

 ## 성 바실리 대성당 영역

※ 카드에 적힌 퀴즈를 읽고 정답을 표시하세요.

성 바실리 대성당은 러시아 모스크바에 있다.
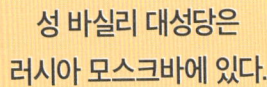
O   X

성당의 둥근 지붕은 타오르는 태양을 표현한 것이다.
O   X

성당을 지은 이반 4세는 온순하고 자상한 황제였다.

O   X

성당을 화려한 색으로 칠하는 것이 당시의 유행이었다.

O   X

이반 4세는 성인 바실리가 성령을 받았다고 믿으며 그를 두려워했다.

O   X

성당의 예배당이 8개인 이유는, 카잔 칸국을 8일 만에 정복했기 때문이다.

O   X

성 바실리 대성당은 아름답고 화려한 모습으로 게임의 모델이 되었군요. 그렇다면 영화에 직접 등장하여 더욱 유명해진 건축물은 무엇일까요?

힌트. 세계에서 가장 높은 건물이에요.

❶ 부르즈 할리파　❷ 피사의 사탑

세계에서 가장 높은 건축물이면서 영화에 직접 등장하여 더욱 유명해진 건축물은 ❶ 부르즈 할리파랍니다.

10 부르즈 할리파
BURJ KHALIFA

높고 멋진, 과학 기술의 결정체 | 2004 ~ 2009년 | 아랍에미리트 두바이

아랍에미리트

위치	아시아 대륙의 남서쪽
수도	아부다비
언어	아랍어
인구	약 950만 명
화폐	아랍에미리트 디르함 (1디르함 = 약 350원)
특징	7개의 나라가 세운 연합국이에요(아부다비, 두바이, 샤르자, 아지만, 움 알카이와인, 라스 알카이마, 푸자이라)

Q 얼마나 높아요?

부르즈 할리파는 163층, 828미터예요. 우리나라에서 가장 높은 건축물인 롯데월드타워(554.5미터)보다 273미터나 더 높아요. 고개를 한껏 젖혀도 한눈에 담기 어려워요. 2023년 7월 기준으로 세계에서 가장 높은 건물이에요.

163 층
828 m

Q 부르즈 할리파는 무슨 뜻이에요?

부르즈는 아랍어로 '탑'이라는 뜻이에요. 할리파는 아랍에미리트 대통령 '셰이크 할리파 빈 자예드 알 나흐얀'에서 따온 이름이에요. '할리파의 탑'이라는 의미이지요. 할리파 대통령은 2004년부터 2022년까지 대통령으로 **재임**했어요. 부르즈 할리파가 지어지는 동안에는 '두바이의 탑'이라는 의미인 '부르즈 두바이'라고 불렸어요. 건축물이 완공되어 공개되는 행사에서 '부르즈 할리파'라는 새로운 이름을 깜짝 공개했답니다.

재임 임무를 수행하는 것

※ 아랍에미리트 대통령의 임기는 임명될 때부터 사망할 때까지예요.
 할리파 대통령이 2022년 5월에 사망하여,
 지금은 동생인 무함마드 빈 자예드 알 나흐얀이 대통령이랍니다.

Q 부르즈 할리파는 어떤 영화에 등장했어요?

부르즈 할리파는 영화 〈미션 임파서블 4〉에 등장했어요. 영화배우가 압축 장갑을 끼고 맨몸으로 건물을 오르고 있지요? 그 건물이 바로 부르즈 할리파예요. 원래는 컴퓨터로 장면을 만들려고 했는데 주인공 역을 맡은 배우 톰 크루즈가 직접 오르겠다고 했어요.

영화 〈미션 임파서블〉 포스터

목숨이 위험할 수 있는 위험천만한 촬영이기 때문에 제작진은 철저하게 준비했어요. 톰 크루즈도 그 장면을 촬영하기 위해 전문 등반가와 함께 가상의 벽을 오르며 어려운 훈련을 반복했지요. 그래서 멋지고 짜릿한 액션 장면이 완성되었어요.

Q 바람이 불면 건물이 흔들린다고요?

부르즈 할리파는 초속 55미터의 바람과 진도 7의 지진에도 견딜 수 있게 설계되었어요. 건물이 튼튼하려면 절대 흔들리지 않아야 할 것 같지요? 하지만 고층 빌딩은 조금씩 움직이도록 설계되어 있어요. 젤리처럼 움직여야 강한 바람이 불어도 건물이 유지될 수 있거든요. 부르즈 할리파의 꼭대기 층도 1~2미터까지 흔들린답니다. 하지만 건물 안에 있을 때는 흔들림을 전혀 느낄 수 없대요. 부르즈 할리파를 지을 때 최첨단 과학 기술이 많이 사용되었는데 인공위성도 사용되었어요.

Q 인공위성을 어떻게 사용했어요?

163층이나 되는 건물을 기울어지지 않고 똑바로 지으려면 어떻게 해야 할까요? 바닥에서 1도만 어긋나도 500미터 높이에서는 8.72미터의 차이가 발생해요. 8.72미터만큼 건물이 기울어졌다는 의미예요. 이런 위험을 막기 위해 부르즈 할리파는 인공위성을 활용했어요. 인공위성을 통해 건물이 똑바로 지어지고 있는지 **수직도**를 점검하면서 건물을 지었답니다.

> **수직도** 직선과 직선, 평면과 평면이 만났을 때 직각을 이루는 상태

Q 전망대에 올라갈 수 있어요?

부르즈 할리파에는 8대의 에스컬레이터와 57대의 엘리베이터가 설치되어 있어요. 세계에서 가장 빠른 부르즈 할리파의 엘리베이터는 1층에서 124층 전망대까지 35초 만에 도착해요. 아름다운 도시의 모습을 볼 수 있답니다.

Q 부르즈 할리파를 우리나라 건설회사가 지었다고요?

부르즈 할리파는 2004년에 공사를 시작해서 2009년에 완공되었어

세계에서 가장 높은 건물 TOP 5
(2023년 기준)

1 828 m
부르즈 할리파
가장 높은 야외 전망대, 가장 높은 레스토랑을 가지고 있어요.

2 678.9 m
메르데카 118
말레이시아 쿠알라룸푸르에 있어요. 메르데카는 '독립'이라는 의미이고 118은 118층을 말해요. 동남아시아에서 가장 높은 건물이에요.

요. 우리나라의 삼성물산이 시공사로 참여했어요. 건축물을 짓는 회사를 시공사라고 해요. 삼성물산은 건물을 지을 때 3일에 1층씩 올린 공법으로 세계의 시선을 끌었답니다.

Q 부르즈 할리파는 어떻게 사용되고 있나요?

커다란 쇼핑몰, 고급 호텔, 수많은 사무실과 아파트 등으로 사용되고 있어요. 시민과 여행자들에게 사랑받고 있는 명소이며 높이 140미터까지 올라가는 분수는 유명하답니다.

3 632 m
상하이 타워
중국 상하이에 있어요. 빌딩은 꽈배기처럼 비틀어져 있는데, 용이 승천하는 모습을 표현했어요. 중국에서 가장 높은 건물이에요.

4 601 m
아브라즈 알 바이트 타워
사우디아라비아의 종교도시 메카에 있어요. 사우디 정부가 순례자들을 위해 지은 건물로 세계에서 가장 큰 시계 문자판을 가지고 있어요.

5 599 m
핑안 파이낸스센터
중국 광동성 선전에 있어요. 2017년 완공 당시 가장 높은 건물이었지만 비행기 항로에 위치하여 충돌 우려로 첨탑 부분을 줄였어요.

〈아랍 묘지〉 바실리 칸딘스키, 1909년

러시아 화가가 본 아랍의 묘지

칸딘스키는 러시아 화가예요. 부유한 상인의 아들로 태어나 법과 정치를 공부했어요. 그러던 어느 날, 모스크바의 미술 전시회에 갔다가 화가가 되기로 결심했어요. 유럽으로 건너가 독일에 정착해서 그림을 그리기 시작했지요. 칸딘스키는 자연의 모습을 똑같이 그리지 않았어요. 강렬한 색을 사용하고 모양도 과감하고 자유롭게 표현했어요. 칸딘스키는 유럽에서 작품 활동을 하면서도 동양적인 장식과 색채에 관심이 많았어요. 신비로운 동양의 분위기는 화가에게 매력적이었어요. 〈아랍 묘지〉에서는 **히잡**을 쓴 여인들이 여럿 등장해요. 하지만 여인들의 복장이 아니었다면 그림의 배경이 사막 지역인 아랍이라는 것을 눈치채기 어려워요. 모래가 가득한 사막지역을 그렸지만, 칸딘스키는 연노란 모래 빛깔만으로 사막을 표현하지 않았어요. 선명한 색채, 굵고 강한 선으로 완성한 〈아랍 묘지〉는 과감하고 자유로운 칸딘스키의 성향이 잘 드러난 그림이에요.

히잡 아랍어로 '가리다'라는 의미를 가진 이슬람 전통 복장. 얼굴을 빼고 상반신을 가리기 위해 쓰는 두건

 | # 부르즈 할리파 영역

※ 빌딩 위 광고판의 질문을 읽고 빌딩 아래에 정답을 적어주세요.

- 부르즈는 무슨 뜻인가요?
- 엘리베이터를 타면 전망대까지 몇 초 걸리나요?
- 부르즈 할리파는 몇 층 건물인가요?
- 부르즈 할리파는 어느 대륙에 있나요?

image: Flaticon.com

부르즈 할리파는 세계에서 가장 높은 건축물이지요.
세계에서 가장 긴 건축물은 무엇일까요?

❶ 스톤헨지   ❷ 만리장성

꼬꼬무
랜드마크   A
퀴즈

세계에서 가장 긴 건축물은 ❷ 만리장성이랍니다!

11

GREAT WALL OF CHINA

만리장성

| 노동자의 피눈물과 바꾼 지상 최대 건축물 | 기원전 220년~
기원후 1640년 | 중국 |

중국

위치	아시아 대륙의 동부
수도	베이징
언어	중국어
인구	약 14억 2,500만 명
화폐	위안 (1위안 = 약 180원)
특징	황허 문명이 시작되었으며 넓은 땅에서 나는 풍부한 재료를 활용한 요리가 발달했어요. 인도와 함께 세계에서 인구가 가장 많은 나라예요.

Q 만리장성은 얼마나 길어요?

총 길이는 약 6,000킬로미터이고 현재 보존되어서 남아 있는 길이는 약 2,700킬로미터예요.

Q 만리장성은 무슨 뜻이에요?

길게 쌓은 성을 장성이라고 부르는데 **성벽**의 길이가 1만 리가 되어서 만리장성이라고 불러요. 만리장성은, 1만 리 길이의 긴 성이라는 뜻이지요. 사람이 만든 가장 거대한 건축물인 만리장성은 **유네스코** 세계문화유산으로 지정되었답니다.

> **성벽** 적을 막기 위하여 흙이나 돌 따위로 높이 쌓아 만든 담의 벽
> **유네스코** 프랑스 파리에 본부가 있는 국제기관. 교육, 과학, 문화의 보급을 통해 여러 나라와 교류하여 세계 평화를 추구한다.

Q 1만 리에서 '리'는 어떤 단위예요?

'리'는 거리를 나타내는 단위예요. 1리는 약 400미터이고 약 0.4킬로미터예요. 만 리는 4,000킬로미터를 나타내지요. 만리장성의 총 길이가 6,350킬로미터니 만 리가 훨씬 넘지요? 계산해보면 1만 6,000리 장성이랍니다.

만리장성 = 6,350 km = 1만 6,000 리
1 리 = 0.4 km / 1만 리 = 4,000 km

Q 누가, 왜 만들었나요?

중국은 드넓은 땅에 수많은 민족이 터를 잡고 살아온 나라예요. 자신의 영토에 다른 민족이 침입하는 일이 잦았지요. 중국의 왕조는 언어와 풍습이 다른 이민족이 침략하는 것을 막기 위해 장성을 쌓았어요. 중국 역사상 최초로 통일국가를 세운 진나라의 시황제가, 여러 왕조가 쌓은 성을 하나로 연결하고 길게 연장했어요. 진나라 때 고치고 연장하기 시작한 만리장성은 그 이후 여러 왕조를 거쳐 완성되었지요. 완공될 때까지 무려 2,000여 년이 걸렸어요.

Q 만리장성은 어떻게 지었을까요?

만리장성은 우리가 생각하는 얇은 벽과는 다른 모양이에요. 외벽과 내벽을 세운 다음, 그 사이 공간을 흙과 자갈로 채워 넣은 형태이지요. 성벽은 높이와 폭이 일정하지 않아요. 사막이나 북방에 지어진 성벽은 폭이 1~2미터지만, 완만한 지형에 지어진 성벽은 말과 마차가 다닐 수 있을 정도로 넓어서 10미터인 곳도 있답니다. 성벽의 높이도 달라요. 적이 접근하기 어려운 낭떠러지에 지어진 성벽은 높이가 3~4미터이고, 이동하기 쉬운 길목이나 군사적으로 중요한 지역은 높이가 8미터가 넘는 곳도 있어요. 자연환경을 최대한 이용하여 지었기 때문에 성벽의 높이와 모양이 다양하게 완성되었어요.

Q 만리장성은 성벽으로만 이루어졌나요?

아니에요. 만리장성을 지은 목적을 기억하지요? 적의 침입과 공격을 막기 위해서 지었기 때문에 주위를 경계하고 공격에 대비할 수 있는 군사시설도 함께 지었어요. 산등성이가 길게 이어지는 중간이나 끝나는 지점에는 **망루**와 **누각**을 지었어요. 높게 지은 망루와 누각에서 사방을 감시하면서 적의 움직임을 살폈어요. 적이 침입하는 걸 알아챘을 때 신호를 보낼 수 있는 **봉화대**도 곳곳에 설치했고요. 만리장성에는 여러 군사시설이 있는데, 특히 규모가 크고 여러 개가 지어져 있다면 그곳은 군사적으로 중요한 곳이라는 의미랍니다.

망루 적이나 주위를 살피기 위해 높이 지은 집
누각 사방이 탁 트이게 높이 지은 집
봉화대 나라에 긴급한 일이 있을 때 불을 피워 신호를 보내는 봉화를 올리는 곳

만리장성에 설치된 망루

Q 우주에서 만리장성이 보여요?

인간이 만든 가장 거대한 건축물인 만리장성이 우주에서 보이는지 사람들은 궁금했어요. 만리장성은 길이는 길지만, 폭이 좁아요. 그렇다면 우주에서는 가느다란 선으로 보일까요? 중국이 2003년에 **유인 우주선**을 우주로 쏘아 올렸을 때 첫 중국인 우주 비행사 양리웨이는 "만리장성은 보이지 않아요"라고 말했어요. 그때 많은 중국인이 실망했다고 해요. 우주에서 사람의 눈으로 볼 수 있는 인공 건축물은 아무것도 없어요.

> **유인 우주선** 사람이 탄 우주선

Q 만리장성을 지을 때 많은 사람이 죽었다는데 사실인가요?

"만리장성이 1미터씩 길어질 때마다 일꾼 한 사람이 죽었다"라는 전설이 있어요. 만리장성을 지을 때 많은 사람이 **축조**에 참여했어요. 인부들은 손으로 흙을 이겨 진흙 벽돌을 만들고, 그 벽돌로 성벽을 쌓는 일을 끝없이 반복했어요. 50만 명의 일반 백성이 동원되었는데 가혹한 노동에 시달리다 30만 명이 죽었다고 해요.

> **축조** 쌓아서 만드는 것

만리장성에 서린 슬픈 전설

만리장성이 지어진 **진시황** 때의 일이에요. 맹강녀라는 여인이 있었어요. 맹강녀의 남편은 만리장성을 짓는 현장에 끌려갔는데 3년이 지나도 돌아오지 않았어요. 돌아오기는커녕 소식도 없었지요. 추위가 매서운 겨울이 닥쳐오자 맹강녀는 남편을 찾아 길을 나섰어요. 겨우 만리장성에 도착했지만 남편이 이미 죽었다는 소식을 듣게 되었어요. 맹강녀는 주저앉아 통곡했어요. 그때 갑자기 천둥이 치고 폭우가 쏟아져 성벽이 와르르 무너지더니 수많은 유골이 쏟아져 나왔어요. 맹강녀는 문득 전설이 떠올랐어요.

"유골은 사랑하는 사람의 피를 빨아들인다고 했지!"

맹강녀는 손가락을 깨물어 유골 위에 핏방울을 떨어뜨렸어요. 그랬더니 어떤 유골이 피를 빨아들이지 뭐예요! 남편의 유골이었어요. 남편의 유골을 찾은 기쁨도 잠시였어요. 아름다운 맹강녀를 본 진시황이 그녀를 **첩**으로 삼으려고 했어요. 맹강녀는 남편을 위해 제사를 지내게 해주면 뜻에 따르겠다고 했어요. 진시황은 갸륵하게 여겨 제사를 지내주었어요. 하지만 맹강녀는 제사가 끝나자마자 남편의 유골을 들고 바다로 몸을 던졌답니다.

진시황 진나라의 시황제를 부르는 호칭, 진나라의 첫 번째 황제라는 뜻
첩 정식 아내 외에 함께 사는 여자

우공이산, 어리석은 사람이 산을 옮겨요

우공이라는 **아흔 살** 노인이 살고 있었어요. 노인의 집 앞에는 높고 커다란 두 개의 산이 솟아 있었어요. 집을 가로막은 산 때문에 노인과 가족들은 무척 불편했어요. 어느 날 노인은 가족들에게 말했어요.

"우리 가족이 힘을 합쳐 두 산을 옮기도록 하자. 그러면 길이 넓어져 다니기에 편할 것이다."

"우리가 산을 옮기자고요?"

가족들은 말도 안 된다며 반대했어요. 하지만 노인은 뜻을 굽히지 않았어요. 결국, 우공과 아들, 손자는 지게에 흙을 지고 가서 바다에 버리고 돌아오는 일을 계속 했어요. 이 모습을 본 이웃 사람이 비웃었지요. 그러자 노인은 이렇게 말했어요.

"내가 죽으면 내 아들, 그가 죽으면 손자가 계속할 것이오. 그러면 언젠가는 길이 나지 않겠소."

노인의 말을 엿들은 두 산신은 깜짝 놀랐어요. 노인의 집을 가

아흔 살 90세

〈우공이산〉 쉬베이훙, 1939~1941년

로막은 산에는 산신이 살고 있었거든요.
"이러다가는 산이 없어질 수도 있겠소!"
두 산신은 산을 얼른 동쪽과 남쪽으로 옮겼답니다.
어리석은 사람이 산을 옮긴다는 뜻의 이 **고사성어**는, 포기하지 않고 노력하는 사람이 세상을 바꿀 수 있다는 것을 말한답니다. 이 그림은 중국 국민이 가장 좋아하는 화가인 쉬베이훙이 그렸어요.

고사성어 옛이야기에서 만들어진 말

 | # 만리장성 영역

※ 단어의 끝말을 이어 빈칸을 완성하세요.

1 세계에서 가장 긴 건축물로 중국의 왕조들이 북방의 침략을 막기 위해 세웠어요.
2 성곽의 벽
3 건물을 지을 때 사용하는 단단하고 네모난 건축 재료예요.
4 힘찬 기세로 거침없이 곧장 나아가는 것을 말해요.
5 중국을 최초로 통일한 진나라의 황제
6 누런빛의 금
7 하면 안 돼요!
8 손가락 끝에 있는 살갗의 무늬를 이렇게 불러요. 사람마다 다른 모양을 가지고 있어요.
9 우리가 계속 보존해야 할 인류의 문화재. 유네스코 세계○○○○.

만리장성은 부인이 남편을 그리워하는
슬프고도 으스스한 전설이 서린 곳이에요.
이곳은 남편이 부인을 그리워하는 이야기가 스며들어 있어요.
인도에 있는 이 랜드마크는 무엇일까요?

① 타지마할 ② 파르테논 신전

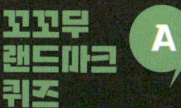 남편이 부인을 그리워하는 이야기가 스며들어 있는
인도의 랜드마크는 ① 타지마할이에요.

12

TAJ MAHAL
타지마할

황제의 사랑을 품은 찬란한 무덤 | 1631~1648년 | 인도 아그라

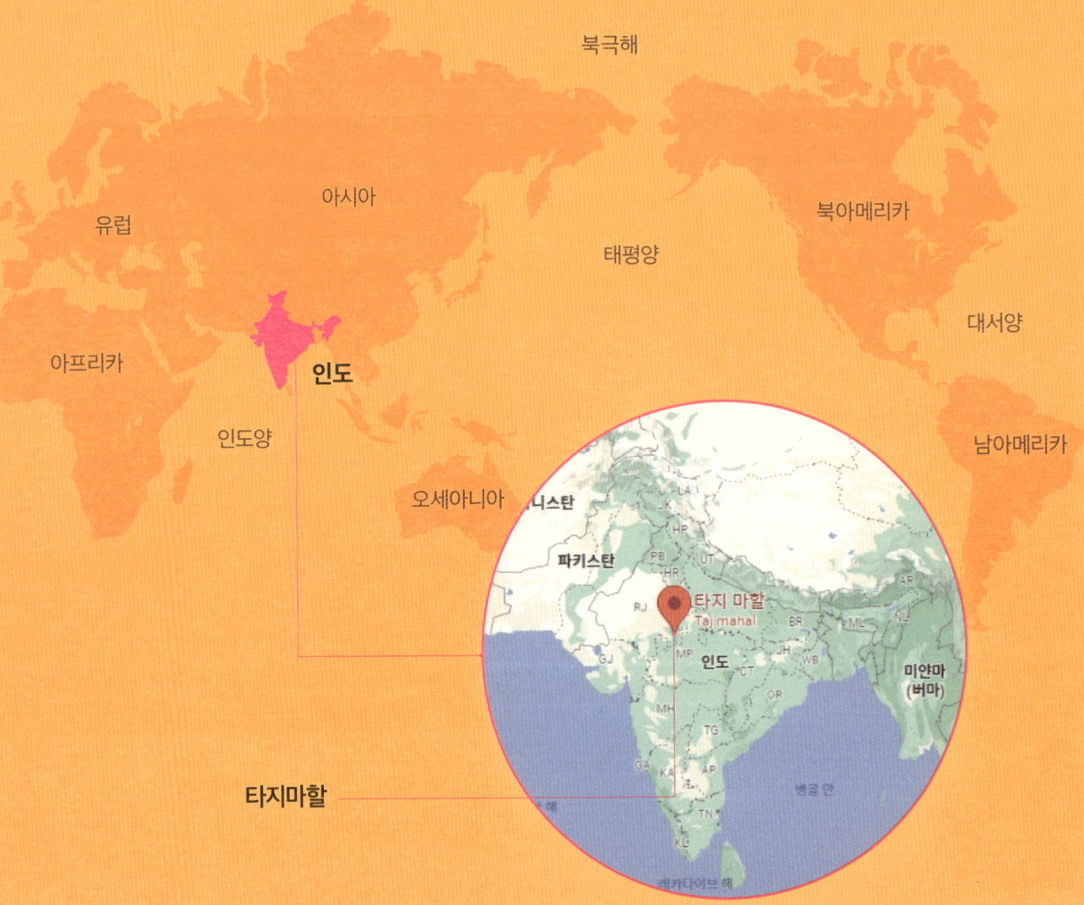

타지마할

인도

위치	아시아 대륙 남부
수도	뉴델리
언어	힌디어, 영어
인구	약 14억 2,800만 명
화폐	루피 (1루피 = 약 16원)
특징	세계 4대 문명 중의 하나인 인더스 문명이 시작된 나라, 세계에서 가장 인구가 많아요. (2023년 기준)

Q 타지마할이 무덤이에요?

타지마할의 '타지'는 왕관이라는 뜻이고 '마할'은 무덤 주인의 이름이에요. 마할의 왕관이라는 뜻을 가진 무덤이지요. 무덤 주인은 뭄타즈 마할이라는 왕비예요.

Q 누가 타지마할을 지었나요?

무굴제국의 샤 자한 황제예요. 무굴제국은 1500년대에서 1800년대까지 330여 년 동안 인도 지역을 통치한 왕조예요. 샤 자한은 인도 무굴제국의 5대 황제였어요. 샤 자한은 막강한 군사력으로 인도 대륙을 통일해 넓은 영토를 확보했고 무굴제국을 세계 1위의 경제 대국으로 만들었지요. 샤 자한이 황제였던 시기는 무굴제국의 전성기였어요. 예술, 건축, 문학 등이 발전했으며 타지마할 같은 아름다운 건축물도 많이 지어졌답니다.

Q 무덤의 주인인 뭄타즈 마할은 누구인가요?

뭄타즈 마할은 샤 자한의 왕비예요. 샤 자한은 여러 명의 아내를 두었는데, 세 번째 왕비인 뭄타즈 마할을 가장 사랑했어요. 두 사람은 진심으로 사랑했고 열네 명의 자식이 태어났지요. 안타깝게도 뭄타즈 마할은 열네 번째 아이를 낳다가 죽고 말았어요. 사랑하는 부인을 잃은 샤 자한은 몹시 슬퍼했어요. 웃지도 않고 음식도 먹지 않았어요. 성격도 **괴팍**하게 변해갔어요.

괴팍 까다롭고 별남.

어느 날, 샤 자한의 꿈에 죽은 뭄타즈 마할이 찾아왔어요.
"폐하, 저와의 약속을 지키셔야지요."
아름다운 정원이 있는 무덤을 지어주기로 왕비와 약속했거든요. 꿈에서 깬 샤 자한은 왕비의 영혼을 위해 세상에서 가장 아름다운 무덤을 만들기 시작했어요. 마침내 '마할의 왕관'이라는 이름처럼, 빛나고 아름다운 타지마할을 완성했답니다.

Q 타지마할은 어떻게 만들어졌어요?

타지마할은 최고의 건축가가 설계하고 2만 명의 일꾼이 힘을 모아 지었어요. 코끼리 천 마리가 대리석 같은 건축 자재를 실어 왔고요. 터키석이나 다이아몬드처럼 무덤을 장식할 아름다운 보석은 세계 여러 나라에서 수입해 왔어요. 많은 돈이 들었고 완공될 때까지 17년이 걸렸지요. 공사 현장 근처에 '타지 간지'라는 새로운 도시가 만들어질 정도로 오랜 시간에 걸쳐 많은 인원이 참여한 공사였어요.

Q 지진에도 파괴되지 않도록 지어졌다고요?

타지마할은 크고 넓은 대리석 **기단** 위에 서 있어요. 기단의 모서리에 세워진 길고 높은 4개의 뾰족탑은 반듯한 수직이 아니에요. 바깥쪽으로 살짝 기울어져 있지요. 지진이 일어나더라도 묘지 바깥쪽으로 쓰러져서, 묘지를 안전하게 지키기 위해서예요.

기단 건축물을 짓기 위하여 땅에 흙이나 돌을 쌓고 다져서 단단하게 만들어 놓은 곳

타지마할은 얼마나 아름다운가요?

타지마할이 완성되었을 때 사람들은 탄성을 지르며 '찬란한 무덤'이라고 감탄했어요. 새하얀 대리석 건물은 동서남북으로 완벽하게 대칭을 이루었고 태양의 움직임에 따라 빛을 반사했어요. 아침에는 연한 분홍색, 낮에는 우윳빛, 달이 뜨면 은빛으로 색깔을 바꾸었지요. 넓은 뜰에는 직사각형 모양의 **수로**와 길게 뻗은 정원이 꾸며져 있어요. 300미터의 긴 수로에 반사되어 비치는 타지마할의 모습은 누구나 감탄할 만큼 환상적이랍니다.

> **수로** 물이 흐르는 길

 타지마할에는 뭄타즈 마할의 무덤만 있어요?

아니에요. 타지마할에는 뭄타즈 마할과 샤 자한의 무덤이 함께 있어요. 샤 자한은 타지마할이 완공되고 얼마 지나지 않아 감옥에 갇히게 되었어요. 타지마할을 짓는 데 너무 많은 돈이 들어가 경제가 어려워지자, 아들인 아우랑제브가 반란을 일으켜 황제의 자리를 빼앗았거든요. 샤 자한이 갇힌 **아그라 성**의 발코니에서는 타지마할이 잘 보였다고 해요. 샤 자한은 성에 갇혀 있는 동안 타지마할을 보며 왕비를 그리워했어요. 8년 후, 샤 자한은 숨을 거두었고 타지마할의 뭄타즈 마할 곁에 묻혔답니다.

> **아그라 성** 인도 아그라에 있는 요새. 타지마할에서 북서쪽으로 2.5킬로미터 떨어져 있는 붉은 성채의 건축물

뭄타즈 마할은 어떤 사람이에요?

샤 자한이 15살, 뭄타즈 마할이 14살에 처음 만났어요. 샤 자한은 마할의 외모와 성격이 마음에 들었어요. 약혼하고 5년 후, 두 사람은 결혼했어요. 마할은 19살이었지요. 마할은 아름답고 쾌활한 여인이었어요. 페르시아어와 아랍어를 유창하게 할 수 있었고 시를 잘 지었어요. 정치 권력에 대한 욕심이 없었던 마할은, 샤 자한에게는 완벽한 아내였어요. 배신과 반란이 자주 일어나던 시대였기 때문에 믿을 수 있는 사람이 많지 않았거든요. 샤 자한은 마할을 아내로서뿐만 아니라, 정치적으로도 기대고 의지했어요. 마할은 정원에서 시간 보내는 것을 좋아했어요. 마할의 영혼이 타지마할의 정원에 머물기를 바라는 마음을 담아 더욱 아름답게 꾸몄던 거지요. 총명하고 사려 깊은 왕비였던 마할은 열네 번째 아이를 낳다가 죽었어요. 그녀의 나이 38살이었답니다.

〈뭄타즈 마할의 초상화〉

타지마할에 떠도는 피의 저주

타지마할은 무굴제국의 자랑이자 유산이에요. 하지만 타지마할을 짓는 데에는 막대한 시간과 돈이 필요했어요. 샤 자한은 비용을 마련하기 위해 백성들에게서 엄청난 세금을 거둬들였어요. 백성들은 살기 어려워졌고 불만이 쌓여갔어요. 타지마할이 완공된 지 10년 후, 아들 아우랑제브가 반란을 일으켰어요. 샤 자한은 아그라 성에 갇혀 지내다 굶어 죽었어요. 하지만 백성들은 안타깝게 여기지 않았다고 해요. 그만큼 황제에 대한 불만이 컸기 때문이에요.

이때부터 무굴제국에 전해지는 '피의 저주'가 시작되었어요. 아우랑제브 이후에는 모두 반란을 통해 황제가 되었어요. 자신의 아버지를 몰아내고 그 자리에 앉게 된 것이지요. 이 과정에서 많은 이들이 죽었어요. '피의 저주'라고 부르는 반란의 역사가 시작되면서 무굴제국은 끝내 멸망하고 말았어요.
왜 '피의 저주'가 시작되었을까요? 샤 자한은, 타지마할 공사에 참여한 노동자들의 오른쪽 손목을 잘랐어요. 타지마할보다 아름다운 건물을 짓지 못하게 하려고요. 손목이 잘린 2만 명의 **원한**이 타지마할에 '피의 저주'를 내렸다고 전해지고 있어요.

원한 원통하고 억울한 일을 당하여 응어리진 마음

 ## 타지마할 영역

※ 타지마할에 대한 설명이에요. 초성만 있는 단어를 제대로 완성해주세요.

1. ㅇㄷ 의 도시 아그라에 있어요.
2. 타지는 ㅇㄱ 이라는 뜻이고 마할은 무덤 주인의 이름이에요.
3. 타지마할을 만든 사람은 무굴제국의 샤 자한 ㅎㅈ 예요.
4. 사랑하는 왕비가 죽은 뒤 아내를 그리워하며 지은 ㅁㄷ 이지요.
5. 2만여 명의 일꾼이 모여 만들었고 건물이 완성될 때까지 17년이 걸렸지요.
   건축 자재는 ㅋㄲㄹ 천 마리가 실어 날랐어요.
6. 'ㅊㄹ 한 무덤'이라고 불릴 정도로 아름답게 지어졌어요.

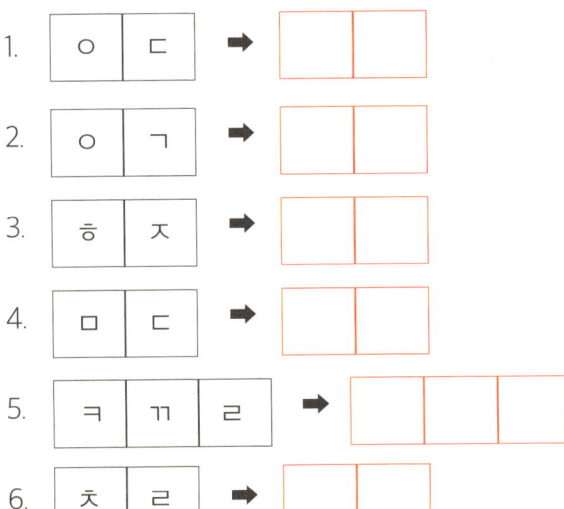

세상에서 가장 아름다운 무덤은 타지마할이에요.

이집트에 있는 세상에서 가장 큰 무덤은 무엇일까요?

❶ 피라미드   ❷ 콜로세움

 이집트에 있는 세상에서 가장 큰 무덤은
❶ 피라미드예요!

13 PYRAMID
피라미드

파라오의 영혼이 머무는 거대한 무덤 | 기원전 2700 ~ 2500년 | 이집트 기자

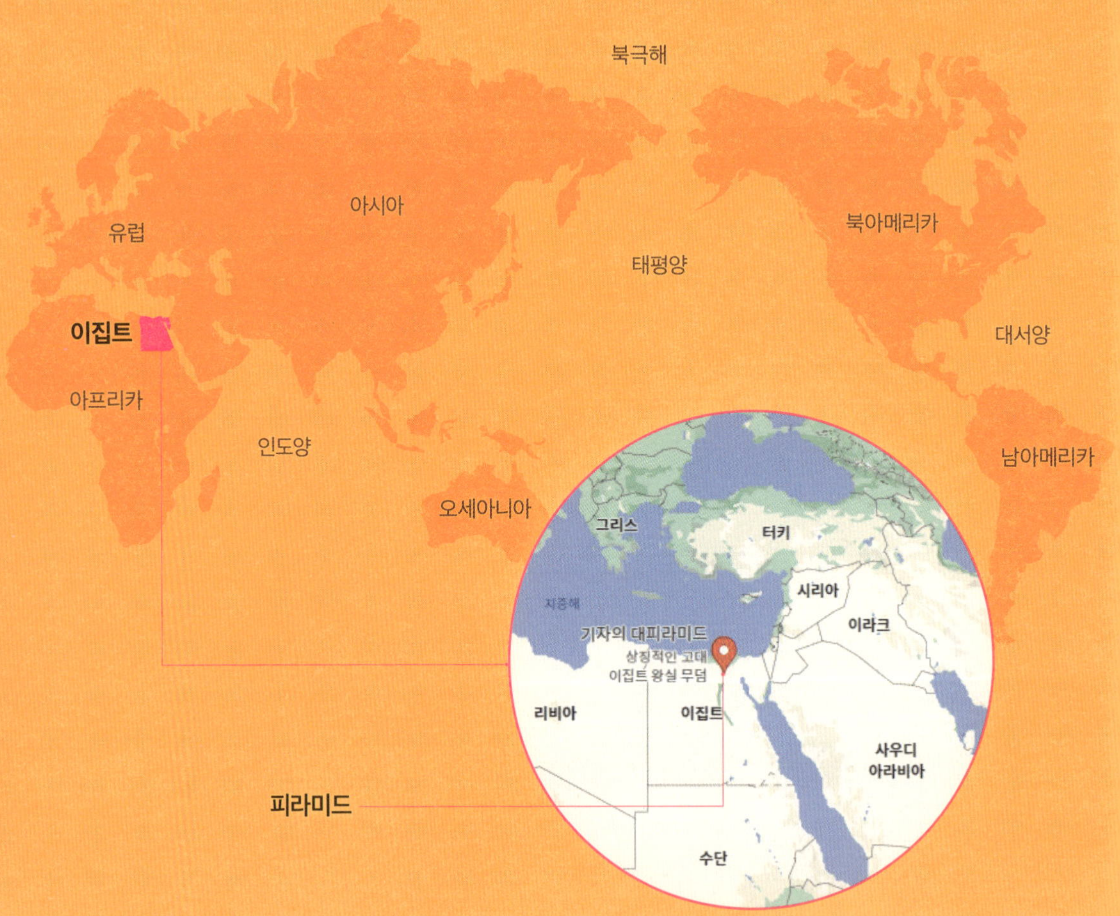

이집트

위치	아프리카 북동부
수도	카이로
언어	아랍어
인구	약 1억 1,270만 명
화폐	이집트 파운드 (1파운드 = 약 40원)
특징	세계에서 가장 먼저 문명을 발전시킨 국가 중 하나이며 세계에서 가장 긴 나일강이 흐르고 있어요. (세계 4대 문명 - 이집트, 황허, 인더스, 메소포타미아 문명)

Q 피라미드가 무덤이에요?

피라미드는 이집트 왕과 왕족의 무덤이에요.

Q 피라미드가 무덤이라는 걸 어떻게 알게 되었나요?

처음에는 피라미드가 무엇인지 알지 못했어요. 계절이나 날씨를 측정하는 천문대일까? 신에게 제사를 지내는 신전일까? 외계인이 지구로 가져온 유새일까? 사람들은 여러 가지 상상을 했지요. 그러다 피라미드 안에서 '사르코파구스'라는 돌로 만든 관이 발굴되었어요. 관은 죽은 사람의 시체를 담는 상자를 말해요. '사르코파구스'를 통해 피라미드가 **파라오**의 무덤이라는 것을 알게 되었어요.

파라오 이집트에서 최고 통치자인 왕을 부르는 호칭

Q 무덤을 왜 이렇게 거대하게 만들었을까요?

이집트 사람들은 동물이나 자연을 신으로 모시고 숭배했어요. 어둠을 없애고 곡식을 자라게 해주는 태양신을 최고의 신이라고 여겼어요. 사람들은 파라오가 태양신의 아들이라고 믿었지요. 신과 인간을 연결하는 특별한 존재이며 죽은 다음에도 백성을 다스린다고 생각했어요. 그래서 파라오가 영원하도록 미라로 만들었어요. 미라가 된 파라오가 머물 장소는 가장 높고 커야 했어요. 태양신의 아들이기 때문에 태양과 가까워야 하니까요. 파라오의 무덤인 피라미드는 그래서 거대하답니다.

Q 미라가 뭐예요?

죽은 후에도 썩지 않고 원래의 모습과 가깝게 보존된 **시신**을 미라라고 해요. 이집트 사람들은 시신에 혼이 깃들어 있다고 믿었기 때문에, 시신을 미라로 만들면 떠났던 영혼이 다시 돌아온다고 여겼어요. 죽어서도 백성을 다스리는 파라오는 더욱 잘 보존해야 했지요. 그래서 파라오의 시신을 미라로 만들었어요. 미라로 만들기 위해 죽은 파라오의 몸속에 있는 내장을 꺼냈어요. 내장은 빨리 부패하거든요. 하지만 심장은 남겨두었어요. 그런 다음, 탄산나트륨이라는 약품을 이용해 시신을 건조하고 아마포라는 붕대를 칭칭 감아 관에 넣었어요. 이집트에는 미라를 만드는 전문가가 있었는데, 이들이 만든 미라는 지금도 그때의 모습에 가깝게 보존되어 있어요. 시간이 지나면서 파라오뿐아니라, 왕족과 귀족들도 미라로 만들었어요.

시신 죽은 사람의 몸

5살 아이의 미라 © https://mummipedia.fandom.com/wiki

Q 심장은 왜 남겨두어요?

사후 세계에서는 심장의 무게를 재서, 착한 사람인지 나쁜 사람인지를 가려낸다고 생각했어요. 살아 있을 때 그 사람이 한 행동이나 생각이 모두 심장에 기록된다고 여겼거든요. 그러면 누가 천국으로 갈까요? 심장의 무게가 깃털보다 가벼워야 천국으로 갈 수 있대요. 파라오의 시신에서 심장을 꺼낸다면 파라오의 영혼은 갈 곳을 잃게 되겠지요?

Q 이집트에는 피라미드가 몇 개나 있나요?

이집트에는 현재 70개 이상의 피라미드가 남아 있어요. 이집트 나일강 중류에 기자라는 도시가 있는데 이곳에 잘 보존된 세 개의 피라미드가 있지요. 쿠푸 왕, 카프레 왕, 멘카우레 왕의 무덤인데 차례로 아버지, 아들, 할아버지의 무덤이에요. 이중 쿠푸 왕의 피라미드는 기자에 있는 피라미드 세 개 중 가장 커서 높이가 146.5미터가 된답니다. 건물 50층 높이지요. 바닥은 서울월드컵경기장의 5배만큼 넓어요. 그래서 '대피라미드'라고 불러요.

Q 어떻게 만들었을까요?

피라미드를 쌓은 돌 하나의 무게는 약 **3톤**이고 가벼운 것도 1톤이에요. 승용차의 무게가 대략 1.5톤이에요. 이 돌들은, 근처 **채석장**에서 캔 다음 나무 썰매에 실어서 가져왔어요. 크고 무거운 돌을 옮기는 것만으로도 힘든 일인데, 이 돌들을 다시 147미터 높이까지 쌓아 올려야 했어요. 대단한 기술이 필요했겠지요? 그래서 피라미드는 고대 이집트 과학의 **결정체**라고 할 수 있어요.

1톤 1,000킬로그램
채석장 돌을 채취하는 곳
결정체 열심히 노력하여 얻게 된 보람 있는 결과

무거운 돌을 피라미드 꼭대기까지 어떻게 올렸을까요?

전문가들은 피라미드 안쪽에 길을 만들었을 거라고 추측해요. 소라 껍데기처럼 빙글빙글 돌아가는 모양의 경사로를 만든 다음, 썰매에 돌을 실어 끌고 올라갔을 거로 생각해요. 또 다른 전문가들은 피라미드의 한쪽 면에 **완만한** 경사로를 만들어서 옮겼을 거라 추측하고요. 하지만 정확한 방법은 여전히 알려지지 않았답니다.

완만한 경사가 급하지 않은

 피라미드 안은 어떻게 생겼어요?

피라미드 안은 왕과 왕비의 방, **회랑**과 터널, 환기통 등 굉장히 복잡한 구조로 되어 있어요. 방과 회랑, 터널에는 왕이 **저승**으로 가져갈 보물들을 놓아두었어요. 하지만 안타깝게도 **도굴꾼**들이 무덤 안의 보물들을 모두 훔쳐가버렸어요. 현재 관람객들은 파라오의 무덤이 놓여 있는 왕의 방에 입장할 수 있답니다.

회랑 지붕이 있는 긴 복도
저승 사람이 죽은 뒤에 혼이 가서 사는 세상
도굴꾼 무덤을 파헤쳐서 무덤 안에 있는 매장물을 훔쳐가는 사람

사람 얼굴 + 사자의 몸 = 스핑크스

기자에 있는 세 개의 피라미드 중 아들인 카프레 왕의 피라미드를 기억하지요? 카프레 왕의 피라미드는 스핑크스가 지키고 있어요. 스핑크스는 피라미드와 함께 이집트를 상징하는 유적이에요. 고대 이집트에서는 권력을 나타내기 위해, 왕궁이나 신전의 입구에 스핑크스를 세웠거든요. 카프레 왕도 자신의 무덤에 수호신이나 수호 동물처럼 스핑크스를 세웠어요. 카프레 왕을 지키는 스핑크스는 태양이 떠오르는 동쪽을 바라보고 있어요. 사자의 몸을 가지고 있지만, 얼굴은 무덤의 주인인 카프레 왕을 닮았지요. 거대한 자연석을 깎아서 만들었고 높이가 20미터나 된답니다.

〈스핑크스의 수수께끼를 설명하는 오이디푸스〉 장 오귀스트 도미니크 앵그르, 1808년

수수께끼를 풀지 못하면 죽음이다!

그리스 신화에도 스핑크스가 등장해요. 신화 속 스핑크스는 가슴과 얼굴은 여자, 몸은 사자이며, 독수리의 날개를 가진 괴물이에요. 스핑크스는 **으슥한** 길목에 버티고 있다가 지나가는 사람에게 수수께끼를 냈어요. 수수께끼를 풀지 못하면 잡아 먹었고요! 스핑크스 주변에 있는 해골을 그림에서 볼 수 있지요?

어느 날, 오이디푸스가 스핑크스를 찾아갔어요. 스핑크스는 수수께끼를 냈어요.
"이 세상에 사는 것 중 아침에는 네 발, 점심에는 두 발, 저녁에는 세 발로 걷는 것은 무엇이냐?"
잠시 고민하던 오이디푸스가 대답했어요.
"그것은 인간이다."
인간은 아기 때는 네 발로 기어다니고, 청년일 때는 두 발로 걸어다니며, 노인이 되면 지팡이를 짚고 다니니까요. 오이디푸스가 정답을 맞히자 스핑크스는 벼랑에서 떨어져 죽었어요. 그 후로 모든 사람이 길목을 안전하게 지나갈 수 있었답니다.

으슥한 무서움을 느낄 만큼 깊숙하고 구석진

 | # 피라미드 영역

※ 다음 질문을 잘 읽고 알맞은 답을 골라보세요.

1. 빈칸에 알맞은 말을 골라 번호를 쓰세요. (   )

   > 피라미드는 이집트 왕족의 □□이다.

   ① 궁전　　　② 무덤　　　③ 교회　　　④ 식당

2. 네모 안의 글에서 잘못된 부분을 빨간색으로 표시했어요. 잘못된 부분을 올바르게 고쳐주세요.

   > 피라미드를 쌓은 나무 하나의 무게는 약 3톤이고 가벼운 것도 1톤이에요. 이 나무들은, 근처 채석장에서 캔 다음 자동차에 실어서 가져왔어요. 전문가들은 피라미드 안쪽으로 호두 껍데기처럼 생긴 경사길을 만들어 그 위로 돌을 끌고 올라갔다고 생각해요.

   나무 ➡ _____　　자동차 ➡ _____　　호두 ➡ _____

3. 연관이 있는 단어끼리 줄을 그어 연결해주세요.

   이집트　●　　　　　●　오이디푸스

   파라오　●　　　　　●　왕

   대피라미드　●　　　●　아프리카

   스핑크스　●　　　　●　기자 쿠푸 왕

피라미드는 거대하고 신비한 무덤이에요.
페루에는 비밀스럽고 신비한 도시가 있어요. 어디일까요?

❶ 히메지성　❷ 마추픽추

꼬꼬무
랜드마크
퀴즈　**A**　페루에 있는 신비하고 비밀스러운 도시는
❷ 마추픽추예요!

14

MACHU PICCHU

마추픽추

**비밀에 싸인
수수께끼 공중도시** | 1438
~1493년 | 페루
쿠스코

페루

위치	남아메리카 서부
수도	리마
언어	에스파냐어, 케추아어, 아이마라어
인구	약 3,400만 명
화폐	누에보 솔 (1솔 = 약 350원)
특징	고대 잉카 문명을 꽃피운 나라예요. 안데스 산맥에 자리 잡고 있어요.

Q 마추픽추는 어떤 도시예요?

마추픽추는 잉카 제국의 마지막 수도인 쿠스코에 자리 잡은 도시예요. 잉카 제국은 15세기에서 16세기까지 번성했는데 당시에는 문자가 없었어요. 남겨진 기록이 없어서 마추픽추가 어떤 도시인지 정확히 알기는 어려워요. 하지만 남아 있는 모습과 잉카 문명의 특징으로 추측해보면, 마추픽추는 잉카 제국 왕의 별장이나 피난처였을 것이라고 여겨져요.

Q 마추픽추는 무슨 뜻인가요?

'늙은 봉우리'라는 뜻이에요. 마추픽추는 '마추픽추'와 '와이나픽추'라는 두 **봉우리** 사이에 자리하고 있어요. 잉카인들이 사용한 케추아어로 '늙은 봉우리'와 '젊은 봉우리'라는 의미예요. 마추픽추는 '늙은 봉우리' 아래에 자리 잡고 있어서 마추픽추라고 부르게 되었어요.

| **봉우리** 산에서 뾰족하게 높이 솟은 부분

**Q 도시의 이름이 없었어요?
왜 산봉우리 이름으로 불러요?**

마추픽추는 오랫동안 발견되지 않은 미지의 도시였어요. 그래서 잃어버린 도시라고 해요. 잉카 제국이 멸망한 지 400년이 지난 어느 날, 미국의 역사학자가 마추픽추를 발견했어요. 역사학자는 원주민에게 도시 이름을 물었어요. 원주민이 마추픽추라고 대답해서 도시의 이름이 되었다고 해요. 실은 산봉우리의 이름을 묻는 줄 알고 그렇게 대답했대요. 도시에 대한 기록이 없어서 도시의 원래 이름은 아무도 모른답니다.

Q 마추픽추를 '잃어버린 도시'라고도 부른다고요?

1532년, 잉카 문명이 스페인 군대에 정복당해 멸망하자 잉카인들이 깊은 산속으로 숨었다는 소문이 있었어요. 하지만 도시를 본 사람은 아무도 없었지요. 마추픽추는 **해발** 2,400미터 높이의 봉우리에 세워졌기 때문에 산 아래에선 전혀 보이지 않았거든요. 그래서 '잃어버린 도시'라고 부르게 됐어요.

마추픽추는 '잃어버린 도시' 말고 '공중도시'라는 별칭도 가지고 있어요. 빽빽한 숲과 짙은 안개에 가려져서 아래에서 볼 수 없고 오직 공중에서만 볼 수 있다고 해서 그렇게 불렀답니다.

> **해발** 바다의 수면으로부터 계산한 육지나 산의 높이

Q 가려진 도시를 어떻게 발견했어요?

하이럼 빙엄이라는 미국의 역사학자는 마추픽추라는 도시가 몹시 궁금했어요. 그래서 도시를 찾아 나섰어요. 페루의 수도인 쿠스코 근처의 산과 계곡을 **탐사**하다가 원주민 가족을 만나게 되었는데 꼬마 아이의 안내를 따라간 곳이, 바로 마추픽추였어요. 발견된 당시에 마추픽추는 풀로 뒤덮여 있어서 자세한 모습이나 크기를 가늠하기 어려웠다고 해요.

> **탐사** 알려지지 않은 것을 조사하는 것

Q 마추픽추는 어떻게 생겼어요?

마추픽추에는 신전과 궁전이 있고 아담한 광장과 가정집, 커다란 창고가 흩어져 있어요. 산비탈을 일궈서 만든 계단식 밭도 있고 지하 감옥도 있고요. 가파른 산비탈에 세워진 도시는 성벽으로 둘러싸여 있고, 도시로 들어가는 길은 단 하나뿐이었어요. 외부에서 쉽게 침략할 수 없는 요새처럼 생겼어요. 마추픽추에는 1천 명 정도의 주민이 살았을 것으로 추측해요.

Q 마추픽추에서 중요한 유적은 무엇인가요?

도시의 맨 꼭대기에 평평한 기단이 있고, 그 위에 ㄴ자 모양으로 세워진 돌기둥이 있어요. 마추픽추에서 가장 중요한 유적인 태양석이에요. 인티와타나라고 부르는데 케추아어로 '인티'는 태양, '와타나'는 기둥을 말해요. 태양을 묶는 기둥이라는 뜻이지요.

인티와타나

Q 인티와타나에 태양을 묶는다고요?

피라미드를 만든 고대 이집트인들이 태양을 중요하게 여긴 것처럼 잉카인도 태양을 아주 중요하게 생각했어요. 태양이 없어지는 **동짓날**을 가장 두려워했지요. 태양이 멀리 가버렸으니 추워서 얼어 죽거나 곡식이 자라지 못해 굶어 죽을 거로 생각했어요. 그래서 '인티와타나'라는 돌기둥에 제물을 바치며 태양이 도망가지 못하도록 의식을 치렀어요. 잉카인들은 인티와타나에서 태양신에게 제사를 지내고, 태양의 움직임을 관찰하기도 했어요. 마추픽추 뿐만 아니라, 잉카인이 건설한 도시의 중심지에는 언제나 인티와타나가 세워져 있답니다.

동짓날 24절기의 하나로 일 년 중 낮이 가장 짧고 밤이 가장 긴 날. 12월 22일이나 23일경

Q 마추픽추를 왜 불가사의라고 하나요?

사람의 생각으로는 이해할 수 없는 이상한 것을 불가사의라고 해요. 잉카인들이 마추픽추를 건설할 당시에는 철로 만든 송곳이나 칼 등의 철제 도구가 없었어요. 그런데도 돌을 바위산에서 잘라내고 다듬어서 치밀하게 쌓았어요. 틈새에 얇은 칼날도 들어가지 않을 정도로 촘촘하게 쌓여 있지요. 물이 흘러가는 돌로 만든 수로도 아주 **정교해요**. 아무리 비가 많이 와도 고이지 않아서 빗물을 모두 마실 물로 사용할 수 있었거든요. 잉카인들의 놀라운 건축 기술의 비밀을 가지고 있는 마추픽추는 여전히 풀리지 않은 수수께끼가 많은 도시랍니다. 그래서 불가사의라고 여기고 있어요.

정교하다 솜씨나 기술이 정밀하고 교묘하다.

100년 만에 사라져버린 잉카 문명

잉카 문명은 뛰어난 건축 기술을 이용하여 마추픽추와 같은 신비로운 도시를 건설했어요. 또한, 태양의 움직임을 통해서 날짜와 시간을 정확하게 알 수 있을 만큼 천문학이 발달했어요. 하지만 문자가 없었고 사람을 제물로 바치는 **인신 공양**의 풍습을 가지고 있었어요. 인티와타나에서 태양신에게 제물을 바친다고 했지요? 특히 어린 아이를 바치면 나라의 재난을 막을 수 있다고 믿어서 수많은 아이들이 희생되었어요.

잉카 제국은 철을 사용하는 방법을 몰랐기 때문에 무기가 원시적인 수준이었어요. 그래서 총과 칼을 가진 군대가 잉카 제국을 침략했을 때 맥없이 패배하고 말았지요. 잉카의 군은 8만 명이나 되었지만 고작 168명이었던 스페인 군을 막을 수 없었어요. 게다가 스페인 사람들과 함께 들어온 홍역이나 천연두 같은 전염병은 잉카인들에게 치명적이었어요. 잉카 문명은 철제 무기와 전염병으로 인해 100년 만에, 지도에서 사라지고 말았답니다.

인신 공양 살아 있는 사람을 신에게 희생물로 바친 것

스페인 군대가 잉카 제국 원주민들을 학살하는 모습

눈물을 흘리는 비라코차 신

마추픽추는 잉카의 신이 도와서 지었다고요?

비라코차라는 신이 있었어요. 우주, 태양, 달, 별, 하늘, 땅 등 이 세계의 모든 것을 만들어낸 잉카 최고의 신이었지요. 어느 날, 잉카 제국의 **티티카카 호수**에 큰 홍수가 났어요. 비라코차 신은 호수 지역에 나타나 사람들에게 문명을 가르쳐줬어요. 사람들이 안전하고 평안하게 살기를 바랐거든요. 그래서 의학과 농업학, 건축 등 다양한 기술을 전해주었는데 사람들은 오히려 게을러지고 싸우기 시작했어요. 비라코차 신은 인간에게 실망했어요. 언젠가 다시 돌아오겠다는 말을 남기고 눈물을 흘리며 바다 건너편으로 사라져버렸어요. 인간에게 문명을 가르쳐주고 사라진 비라코차 신이 마추픽추 짓는 것을 도왔다는 전설이 있어요. 비라코차 신이 무거운 돌을 가볍게 만들어 주어서, 마치 블록 놀이를 하는 것처럼 돌담을 쌓을 수 있었다고 전해져요.

티티카카 호수 페루와 볼리비아 국경지대에 있으며, 바다처럼 넓고 배가 다니는 호수 중에서 가장 높은 곳에 있는 호수

플레이타임  마추픽추 영역

※ 낱말 퍼즐을 풀어보세요.

[가로열쇠]
1 페루는 어느 대륙에 있을까요?
2 태양을 잇는 기둥이라는 뜻을 가진 성스러운 장소를 말해요.
3 커다란 도마뱀
4 마추픽추는 ○○○○로 '늙은 봉우리'라는 뜻이에요.
5 인간에게 문명을 가르쳐주고 사라진 잉카 최고의 신

[세로열쇠]
6 잉카 문명은 사람을 제물로 바치는 인신 공양 풍습이 있었어요.
심지어 ○○○○도 제물로 바쳤다고 해요.
7 잉카 제국의 사람들
8 마추픽추는 늙은 봉우리라는 뜻이고 ○○○○○는 젊은 봉우리라는 뜻이에요.
9 봄이 되면 날아다니는 곤충으로 날개가 크고 예뻐요.
10 후루룩 짭짭 맛 좋은 ○○
11 페루의 수도

마추픽추는 울창한 숲에 가려져 있는
비밀스러운 도시였어요.
유령이 나오는 비밀을 간직한
으스스한 랜드마크는 어디일까요?

❶ 브란덴부르크 문   ❷ 런던탑

꼬꼬무
랜드마크 A
퀴즈

정답은 《꼬꼬무 랜드마크 지구여행》 2권에 있어요!

01. 파르테논 신전
● 28p

1. ① 아테네
2. ② 머리
3. 아테나 — 올리브나무
   포세이돈 — 바닷물
   제우스 — 메티스
4. ④

02. 헤라클레스의 탑
● 38p

사자   헤라   게리온   등대

03. 피사의 사탑
● 48p

1. ① 종탑
2. ④
3. 진흙, 모래, 조개껍데기
4. ① X   ② X   ③ O

04. 에펠탑
● 60p

에펠탑

05. 자유의 여신상
● 70p

자유의 여신상

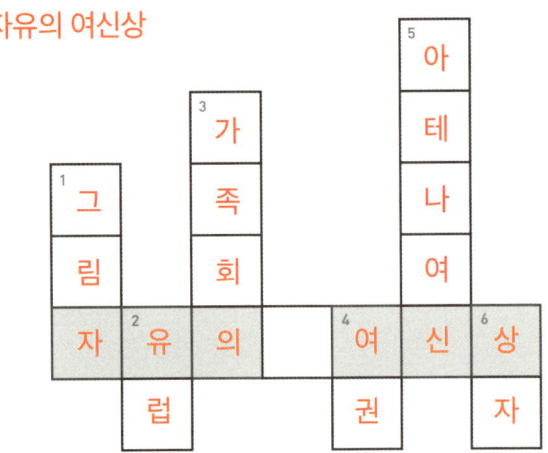

06. 숭례문
● 82p

자유롭게 그려보세요.

07. 인어공주 동상
● 94p

거북이	가오리	해마
상어	조개	문어	수초
인어공주	불가사리

08. 노이슈반슈타인 성
● 106p

1. ③ 디즈니
2. ① 바그너
3. ① 백조
4.

09. 성 바실리 대성당
● 118p

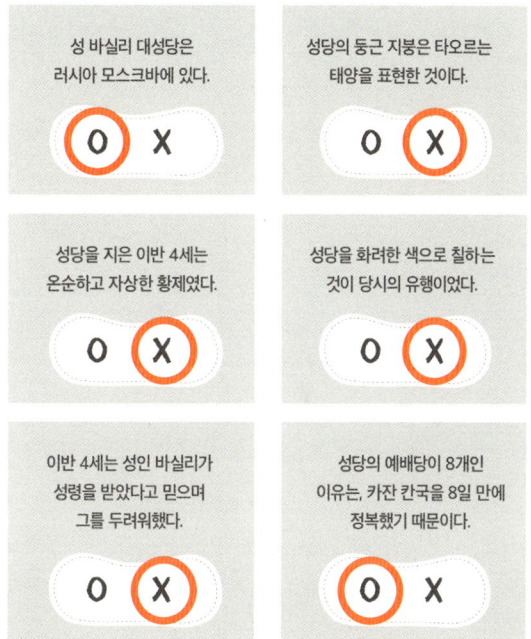

10. 부르즈 할리파
● 128p

탑   163층   35초   아시아

11. 만리장성
● 140p

12. 타지마할
●150p

1. 인도   2. 왕관   3. 황제   4. 무덤   5. 코끼리   6. 찬란

13. 피라미드
● 162p

1. ② 무덤

2. 돌, 나무 썰매, 소라

3.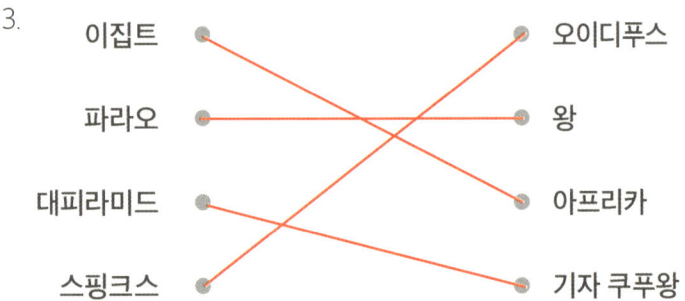

14. 마추픽추
- 174p

			⁶어							
			린		⁷잉					
¹남	아	메	리	카					¹¹쿠	
			이		²인	티	와	타	나	스
							이		⁵비	¹⁰라	코	차
				³이	구	아	나		면	
							픽			
					⁴케	추	아	어		

꼬리에 꼬리는 무는 랜드마크 지구여행, 재미있게 읽으며 다녀왔나요?

이제 2권으로 함께 출발~!! 해볼까요?
무시무시한 런던탑으로 출발하는 건 쉿! 비밀이에요.

꼬리에 꼬리를 무는 랜드마크 지구여행

차례 2

1. 유령과 까마귀가 함께 머무는 런던의 요새 **런던탑**
2. 커다란 얼굴로 섬을 지키는 든든한 수호신 **모아이**
3. 수수께끼 가득한 거대한 돌기둥 **스톤헨지**
4. 인간의 정성으로 지어지는 하느님 공간 **사그라다 파밀리아 대성당**
5. 작고 소중한 도시 지킴이 **오줌싸개 동상**
6. 이긴 자만 통과할 수 있는 승리의 관문 **개선문**
7. 분단의 아픔을 기억하는 평화의 문 **브란덴부르크 문**
8. 잔혹한 죽음이 가득한 피투성이 경기장 **콜로세움**
9. 오렌지를 닮은 아름다운 공연장 **오페라하우스**
10. 불에 타지 않는 새하얀 백로성 **히메지성**
11. 이슬람의 유산을 간직한 붉은 보석 **알람브라 궁전**
12. 지상에 세운 황금빛 신의 궁전 **앙코르와트**
13. 고대의 밤하늘을 살핀 오래된 파수꾼 **첨성대**

재미있게 읽으며 공부가 되는 어린이 교양서 시리즈
꼬꼬무 랜드마크 지구여행 1, 2

김춘희 글 이일선 그림

여행작가 김춘희 선생님과 함께 떠나는 랜드마크 지구여행~

지구 곳곳의 랜드마크를 통해 도시와 나라의 문화와 역사를 알아봅니다.
흥미로운 그림 이야기와 재미난 뒷이야기, 더 재밌는 플레이타임까지
읽다 보면 공부도 되는 어린이 인문 교양서

에펠탑이 빨간색이었다고요? 자유의 여신상이 한 개가 아니래요!
오줌싸개 동상이 옷을 입기도 해요? 런던탑을 까마귀가 지킨다고요!
모아이가 원래 모자를 쓰고 있었어요?

《꼬꼬무 신화 속 괴물여행》도 곧 출간됩니다.

김춘희 글 찬H 그림

여행작가 김춘희 선생님과 함께 떠나는 그리스 신화 속 괴물여행~

서양 문화의 근간이라고도 불리는 그리스 신화 속 다양한 괴물들을
만나러 스릴 넘치는 여행을 떠나봅시다~!
스핑크스, 세이렌, 메두사, 아르고스, 미노타우로스, …
신과 인간, 괴물 사이의 흥미진진한 이야기 속으로 출발~!!!

인간과 황소 사이에서 태어난 괴물 아이는 누구일까요?
지옥 문을 지키는 머리 셋 달린 개도 있어요!
온몸에 눈이 100개 달린 괴물이 있다? 없다?
백발노파로 태어난 세 자매 괴물의 눈은 모두 몇 개일까요?
머리카락이 없는 외눈박이 거인은 누구일까요?

도움을 얻은 자료들

참고도서

- 《건축물에 얽힌 12가지 살아있는 역사 이야기》 김선희, 어린이작가정신, 2007
- 《고대 중국》 제인 슈터, 개구쟁이 미르, 2008
- 《교과서에 나오는 유네스코 세계 문화유산 : 아시아》 이형준, 시공주니어, 2009
- 《교양으로 읽는 용선생 세계사 9 : 혁명의 시대》 차윤석 외, 사회평론, 2018
- 《나의 첫 세계사 여행 : 중국, 일본》 전국역사교사모임, 휴먼어린이, 2018
- 《나폴레옹과 프랑스 제1제정》 박우성, 주니어김영사, 2018
- 《도시로 보는 동남아시아사》 강희정·김종호 외, 사우, 2022
- 《독일, 여행의 시작》 정기호, 사람의무늬, 2013
- 《마법의 시간여행 지식탐험 14 : 로마 제국과 폼페이》 메리 폽 어즈번, 비룡소, 2007
- 《마법의 시간여행 지식탐험 20 : 유령들》 메리 폽 어즈번, 비룡소, 2011
- 《명화를 읽어 주는 어린이 미술관》 로지 디킨스, 시공주니어, 2007
- 《벌거벗은 세계사 : 인물편》 tvN 〈벌거벗은 세계사〉 제작팀, 교보문고, 2022
- 《생생한 역사화에 뭐가 담겨 있을까》 이주헌, 다섯수레, 2007
- 《설민석의 세계사 대모험 8 진시황제의 비밀》 설민석·김정욱, 단꿈아이, 2021
- 《세계 도시 지도책: 세계 30대 도시 지도와 함께하는 세계 여행》 조지아 체리, 풀과바람, 2016
- 《세계사를 움직인 100인》 김상엽·김지원, 청아출판사, 2010
- 《세상엔 알고 싶은 건축물이 너무도 많아》 스기모토 다쓰히코 외, 어크로스, 2021
- 《스톤헨지의 비밀》 믹 매닝, 소년한길, 2014
- 《신화와 축제의 땅 그리스 문명 기행》 김헌, 아카넷, 2021
- 《아이와 함께 유럽여행 : 꼭 한번 가봐야 할 교과서 유럽 여행지 100》 홍수연·홍연주, 길벗, 2019
- 《어린이가 꼭 알아야 할 세계의 건축물》 아네트 뢰더, 시공주니어, 2009

- 《어린이를 위한 유쾌한 세계 건축 여행》 배윤경, 토토북, 2012
- 《왜 진시황은 만리장성을 쌓았을까?》 신동준, 자음과모음, 2010
- 《이스터섬 : 바위 거인들의 비밀》 카트린 오를리아크, 시공사, 1997
- 《자유, 평등, 박애의 나라 프랑스 이야기》 장석훈, 미래엔아이세움, 2008
- 《정겨운 풍속화는 무엇을 말해 줄까》 이주헌, 다섯수레, 2008
- 《지도 위 과학 속 세계 유산 유적》 임유신, 이케이북, 2021
- 《지리의 힘 2》 팀 마샬, 사이, 2022
- 《파리 미술관 역사로 걷다》 이동섭, 지식서재, 2018

누리집

- 개선문 https://www.paris-arc-de-triomphe.fr/en
- 마추픽추 https://www.machupicchu.gob.pe/?lang=en
- 문화재청 https://www.cha.go.kr/
- 부르즈 할리파 https://www.burjkhalifa.ae/en/
- 브란덴부르크 문 https://www.visitberlin.de/en/brandenburg-gate
- 스톤헨지 https://www.english-heritage.org.uk/visit/places/stonehenge/
- 스톤헨지 http://www.stone-circles.org.uk/
- 스톤헨지 여행 https://www.thestonehengetour.info/
- 에펠탑 https://www.toureiffel.paris/en
- 오줌싸개 동상 https://www.brussels.be/manneken-pis
- 유네스코 세계유산위원회 https://whc.unesco.org/en
- 유네스코와 유산 https://heritage.unesco.or.kr
- 인어공주 동상 공식홈페이지 http://www.mermaidsculpture.dk
- 자유의 여신상 https://www.statueofliberty.org/statue-of-liberty/
- 코펜하겐 관광청 https://www.visitcopenhagen.com/